Cabin Crew Role Play Guide Book

항공 객실서비스 롤플레이 가이드북

정명희·이원화 공저

(주)백산출판사

PREFACE

머리말

항공서비스분야는 노동집약적이고 고객접점에서 서비스를 제공하는 객실승무원에 따라 서비스품질과 서비스 내용 등이 달라지기 때문에 다른 산업보다 인적자원 의존도가 높다. 비행 중 발생하는 다양한 상황에서 문제해결을 하고 승객들에게 필요한 정보를 제공함으로써 고객만족을 이끌어내야 하기 때문에 객실승무원의 역량이 무엇보다 중요하다고 할 수 있다. 따라서 항공사에서는 객실승무원 채용과정 중 여러 차례의 면접을 통해 이러한 자질을 검증하기 위한 노력을 기울이고 있다.

이 중 롤플레이 면접은 기내서비스 시 발생할 수 있는 다양한 상황과 문제를 제시하고 그 상황과 문제를 어떻게 해결하고 대처하는가를 검증하기 위한 면접과정이다. 이러한 과정은 지원자 입장에서는 자신의 객실승무원으로서의 자질, 상황대처능력, 문제해결능력 등을 보여줄 수 있는 기회이며 기업의 입장에서는 지원자의 객실승무원으로서의 자질과 적성 등을 좀 더 심층적으로 파악하는 과정이라고 할 수 있다. 일반적으로 롤플레이 면접에 정답이 있는 것은 아니지만 질문의 의도를 파악하여 적합하고 센스 있는 답변을 할 수 있도록 대비를 해야 한다. 본서에서는 항공서비스관련 전공자는 물론 다른 전공 지원자들 모두가 이해하기 쉽도록 질문에 대한 구체적인 상황과 답변

Tip을 제시하여 혼자서도 롤플레이 면접 준비를 할 수 있도록 도움을 주고자 하였다.

본 저서는 총 4장으로 구성되어있다. 1장에서는 고객의 의미, 고객 만족 및 불만고객과 그 응대요령에 대한 내용을 다루고 있으며 2장은 실제 서비스 현장에서 고객을 응대하기 위한 객실승무원의 기본 매너와 커뮤니케이션 방법으로 구성하였다. 3장에서는 실제 비행에서 발생할 수 있는 다양한 상황을 이륙 전 서비스 상황, 이륙 후 식음료 서비스 상황, 비행 중 일반 서비스와 비정상 상황, 객실승무원 관련 상황으로 나누어 실제 면접 질문 형식으로 구성하였다. 각 문항마다 그 상황에 대한 설명과 답변 tip을 제시하여 학생들 스스로 답변을 작성해 보면서 흥미를 유발하고 면접답변 준비를 할 수 있도록 하였다. 4장에서는 롤플레이 면접 시 주의해야 할 사항과 다양한 롤플레이 기출문제를 정리하여 면접에 대비할 수 있도록 하였다. 또한 국내 항공사의 기업정보와 채용관련 내용 등 다양한 정보도 제공하고 있다.

본서를 통해서 객실승무원을 희망하는 학생들의 롤플레이 면접 준비에 도움을 주어 실제 채용면접에서 자신의 역량을 발휘하기 바라는 마음이다. 끝으로 이 책이 출판되기까지 아낌없는 지원을 해 주신 (주)백산출판사의 모든 임직원분께 지면을 빌려 깊은 감사를 전한다.

2020년 5월

저자 일동

CONTENTS

차례

CONTENTS

제 1 장

고객만족의 이해

CABIN CREW ROLE PLAY GUIDE BOOK

1. 고객심리
2. 고객만족
3. 불만고객
4. 불만고객 응대 요령

항공 객실서비스 롤플레이 가이드북

제 1 장 고객만족의 이해

1 고객심리

'고객'은 한자로 顧(돌아볼 고), 客(손 객)을 의미하며 기업이나 서비스 제공자의 입장에서는 다시 보았으면, 즉 다시 와주었으면 하는 손님을 고객이라고 한다. 기업의 특정상품이나 서비스를 최종적으로 구매하는 사람을 고객이라고 하며 기업에 가치를 제공해 주는 사람들이라고도 한다. 서비스 제공자들은 기본적으로 고객의 입장에서 생각하고 행동하는 서비스 마인드를 갖춰야 한다. 또한 고객만족을 이끌어 내기 위한 서비스 제공을 위해 고객 심리를 이해하는 것이 필요하다고 할 수 있다.

1) 환영받고 싶은 심리

고객은 누구나 자신이 서비스 기업이나 장소에 방문했을 때 직원들이 환영해 주길 바란다. 첫 만남에서부터 아무도 인사를 하지 않거나 따뜻하게 맞이해 주지 않는다면 서비스 제공 전부터 고객은 마음의 문을 닫게 되어 이후 제공되는 서비스에 대해서도 부정적인 생각을 하게 될 수 있다. 대부분의 사람들이 실제로 서비스를 이용하면서 환영에 기분이 좋았거나 반대로 무관심한 응대에 무안했던 경험들이 있을 것이다. 이러한 경험에 비추어보더라도 방문고객과의 첫 응대에서 형식적인 환영이 아닌 진심을 다하여 밝은 표정으로 인사를 하며 맞이했을 때 고객은 환영받고 있다고 느끼게 된다는 것을 알 수 있다.

2) 독점하고 싶은 심리

대부분의 고객은 제공받는 모든 서비스를 다른 사람과 나누기보다 독점하고 싶어 하는 심리를 가지고 있다. 즉 다른 손님에게 관심이 나눠지기보다 자신에게만 직원들이 특별하게 응대하고 더 관심을 가져주기를 바란다는 것이다. 이런 고객의 심리를 만족시키려고 하다보면 관심을 받지 못하는 다른 고객들의 불만을 야기할 수도 있다. 따라서 고객들이 다른 사람들보다 자신이 관심을 받지 못하고 있다는 생각이 들지 않도록 모든 고객에게 친절하게 대할 수 있도록 해야 한다.

3) 보상 심리

모든 고객들은 자신이 기대했거나 지불한 비용 이상으로 서비스를 제공받았을 때 만족을 느끼게 된다. 반면에 서비스가 기대에 미치지 못하거나 다른 고객에 비해 상대적으로 차별을 받았다고 느꼈을 때, 지불한 비용의 가치를 충족하지 못했을 때 불만족하게 되며 손해를 봤다고 생각하게 된다. 진심어린 서비스로 만족감을 가질 수 있도록 해야 하며 부득이하게 다른 고객에게 별도를 서비스를 제공해야 하는 경우 주변의 고객들이 불이익을 당했다는 생각이 들지 않도록 더욱 관심을 기울이고 신경 써야 한다.

4) 모방하고 싶은 심리

사람들은 누구나 다른 사람을 닮고 싶고 모방하고 싶어 하는 심리를 가지고 있다. 이러한 고객의 심리는 서비스 현장에서 잘 활용할 수 있다. 승무원에게 무례하게 굴거나 자꾸 반말을 하는 승객에게는 오히려 친절하고 더욱 정중한 말투로 응대하면 대부분 고객의 태도가 변화하는 것을 볼 수 있다. 또한 다른 고객과 친절하게 서로 대화를 나누면 그 상황을 본 고객도 이러한 모습을 모방하려고 한다.

5) 우월하다고 느끼는 심리

대부분의 고객들은 직원보다 자신이 더 우월하다는 심리가 있으므로 이러한 고객의 자존심을 인정하고 스스로를 낮출 수 있는 겸손한 마음가짐을 가져야 한다. 고객들 중 항공기 이용이 처음인 사람들은 객실시설이나 용어, 기내상황에 익숙하지 않아 실수를 하게 되는 경우가 있다. 이런 경우 고객의 실수를 들추어 민망하게 하기보다는 덮어 줄 수 있는 요령을 갖추어야 한다.

6) 자기중심적 심리

고객들은 각자 자신의 가치관과 기준을 가지고 있고 매사에 자신의 관점과 생각을 위주로 상황을 인식하고 판단하려는 심리를 가지고 있다. 이는 자존감을 높이거나 방어하려는 욕구와도 관련이 있다. 그러므로 어떠한 상황에서도 고객을 비난하거나 잘못을 지적하여 더 큰 불만이 생기지 않도록 해야 한다.

2 고객만족

고객만족이란 고객이 원하는 바를 채우는 것을 의미하며 고객이 제품, 제공받은 서비스에 만족한 상태를 말한다. 미국의 굿맨(J.A. Goodman)은 고객만족을 '고객의 니즈와 기대에 부응하여 그 결과로써 상품과 서비스의 재구매가 이루어지고 아울러 고객의 신뢰감이 연속되는 상태'라고 정의하였다. 고객의 만족을 위해서는 서비스 제공자가 고객에게 서비스를 어떻게 제공했느냐보다 그 서비스를 고객이 어떻게 느꼈는지가 더 중요하다고 할 수 있다. 따라서 고객의 만족을 이끌어 내기 위해서는 고객의 입장에서 서비스가 제공되어야 한다.

고객만족을 결정하는 기준은 제품, 서비스에 대한 기대이다. 고객만족은 기대와 제공받은 서비스의 결과에 따라 다양하게 나타나는데 만족의 경우, 고객의 기대보다 서비스의 결과가 더 같거나 클 경우를 말한다. 고객이 기대했던 서비스를 훨씬 뛰어넘어서 충족되었을 경우도 만족이라고 하는데 이런 경우를 '고객만족'을 넘어 '고객감동'이라고 한다. 예를 들어 기념일에 친구에게 추천받은 고급 레스토랑을 방문했다고 가정하자. 주변의 좋은 구전으로 기대감이 컸는데 분위기, 음식, 직원 서비스, 가격 등이 모두 기대보다 높을 경우 만족하게 되는 것이다. 반대로 기대보다 결과가 미치지 못할 경우 고객은 불만족하게 된다. 항공기를 이용하는 승객들은 객실 서비스에 대한 기대감을 가지고 비행기에 탑승하게 된다. 따라서 객실승무원들은 항상 승객의 기대

고객만족의 기준

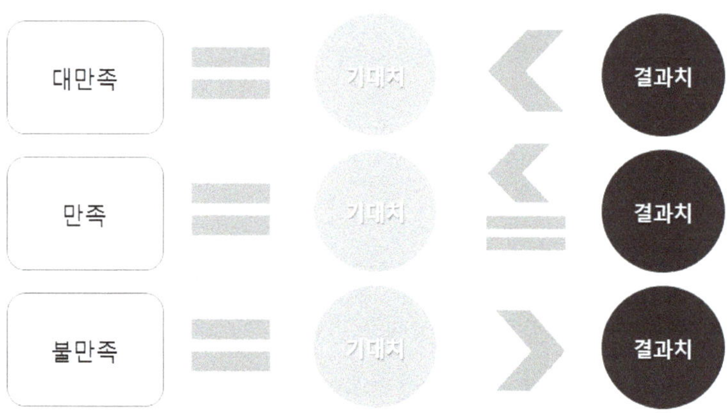

에 부응할 수 있도록 늘 고객입장이 되어 서비스를 제공할 수 있도록 해야 한다.

3 불만고객

고객은 서비스를 제공받기 전에 자신이 가지고 있던 기대치가 채워지지 않았을 경우 '불만족'하게 된다. 고객의 기대수준은 고객마다 각각 다르고 동일한 고객도 만족을 경험했을 때와 같은 서비스를 제공하더라도 항상 그 서비스에 만족하게 되는 것은 아니다. 서비스는 이질성이 높고 개개인의 니즈에 차이가 있기 때문이다. 실제 품질이 조금 낮더라도 만족하게 되는 경우가 있고 같은 서비스에도 기대가 높았던 고객은 불만족하게 된다. 불평(Complaint)은 고객이 제공받은 상품 또는 서비스가 기대에 미치지 못해 마음에 들지 않게 여기거나 이러한 감정을 말이나 행동으로 표현하는 것을 의미한다.

고객들은 제공받은 서비스에 불만이 있다고 모두가 불평을 하는 것은 아니다. 불만족하게 되더라도 대부분의 고객들은 불만 사실을 회사에 말하기보다 참거나 아무런 표현 없이 다시는 그 서비스를 이용하지 않는 경우가 많다. 즉, 만족한 고객은 다시 동일한 서비스를 재구매하거나 좋은 구전을 하는 반면 불만족한 경우에는 재구매를 하지 않거나 가족, 친구, 동료들에게 나쁜 구전을 퍼뜨리게 된다.

Lele, Sheth, Goodman은 불만을 가지게 되는 고객 중에서 4%의 고객만이 해당 기업에 불만을 제기하며 96%의 고객들은 불만이 있더라도 침묵한다고 하였다. 이들이 불만을 말하지 않는 이유는 어디에다 불만을 표출해야 하는지 잘 모르거나 자신이 이야기하더라도 서비스가 개선되지 않을 거라는 생각에 시간과 노력을 낭비할 필요가 없다고 생각하기 때문이다. 그러나 기업의 입장에서는 불만고객 관리가 상당히 중요하다. 불만을 말하지 않는 96% 고객보다 불만을 토로하는 4%의 불평고객의 불만사항을 해결하게 되면 다시 방문할 확률이 높다고 하였다. 불만사항 해결 시 75%가 재구매를 하거나 다시 그 기업의 상품이나 서비스를 이용하게 된다고 한다. 아주 만족스러운 해결을 하는 경우 95%가 재구매를 하게 되며 충성고객이 되기도 한다는 것이다. 항공사의 경우 가장 대표적인 서비스 접점인 객실 서비스에서 불만이 생기게 되는 경우 항공사의 이미지에 나쁜 영향을 줄 수 있다. 따라서 객실승무원의 적절한 상황응대를 통해 고객의 불만을 잘 해결할 수 있도록 하는 것이 중요하다. 많은 항공사의 객실승무원 채용 시 면접과정에서 상황대처능력을 평가하는 것도 이러한 이유에서이다.

4 불만고객 응대요령

서비스현장에서 아무리 친절한 서비스를 제공하고 고객만족경영을 잘 하는 기업이라도 고객의 요구를 완벽하게 만족시키거나 불만이 생기는 것을 막는 것은 거의 불가능하다. 고객의 서비스에 대한 다양한 욕구와 많은 관련정보로 인해 서비스에 대한 고객들의 높은 기대가 불만을 야기하고 확대시키고 있다. 따라서 서비스 종사자와 기업은 불만고객 발생 시 이러한 불만을 잘 해결하여 오히려 불만고객을 충성고객으로 전환하기 위해 직원들이 불만고객 응대방법을 익힐 수 있도록 관리할 수 있어야 할 것이다. 또한 불만이 발생했을 경우 불만을 토로할 수 있는 여러 경로가 발달되어 있으므로 항상 고객의 의견에 귀 기울여야 하며 불만고객이 발생한 경우 이를 적극적으로 잘 대처하고 해결하려는 노력이 필요하다.

기업에서는 고객접점에서 불만고객이 발생했을 경우 효율적인 서비스회복을 위해 직원에게 빠른 해결을 위한 적정한 권한을 이임하는 방안을 적극적으로 모색할 필요가 있다. 따라서 직원들이 고객이 가지는 불만을 잘 파악하여 적합한 해결책을 제시하여 빠르고 원만한 서비스회복을 할 수 있도록 실질적이고 체계적인 훈련이 필요할 것이다. 불만고객 응대의 시작은 회사, 직원의 입장이 아니라 고객의 입장에서 상황을 파악하는 것에서부터라는 것을 잊지 않아야 할 것이다.

고객이 불만을 토로하는 경우 먼저 사과를 하고 끝까지 얘기를 끊지 말고 경청하여 불만의 원인이 무엇인지를 파악해야 한다. 때로는 승무원의 실수가 아니더라도 사과를 해야 하는 상황들이 종종 발생하지만 고객의 입장에서 먼저 생각할 필요가 있다. 고객의 불만사항을 경청한다는 것은 서비스 종사자가 고객이 제기한 불만에 대해 관심을 가지고 있으며 적극적인 해결을 하겠다는 의지를 보여줄 수 있다. 기내에서는 항공기 이륙 전부터 목적지에 도착하여 하기할 때까지 여러 상황의 불평고객이 발생한다. 불평고객 발생 시 다음의 5단계를 참고하여 고객의 입장에서 상황을 해결할 수 있도록 하자. 모든 불평 고객 발생 시 항상 5단계를 순서대로 응대하는 것이 아니라 상황에 따라서 적절하게 활용하도록 한다.

1단계 : 고객이 느낀 불만에 대해 사과한다.

- 승객의 입장에서는 기내에서 불만족스러운 상황이 발생했을 때 승무원에게 이를 표현할 수밖에 없다.
- 일단 고객이 불편을 겪은 것에 대해 정중히 사과를 하여 화가 조금 가라앉을 수 있도록 한다.
- 사과와 함께 잘못된 부분에 대해 변명하기보다 잘못을 인정한다.

2단계 : 경청과 공감하기

- 승객의 불만을 진지하게 경청하는 것만으로도 어느 정도 불만을 감

소시킬 수 있다.

- 이때 주의할 점은 중간에 고객의 말을 끊게 되면 더 큰 불만을 야기할 수 있으므로 끝까지 경청해야 한다.
- 고객의 불만사항을 가만히 듣고만 있는 것이 아니라 불편을 겪은 고객의 마음을 공감한다는 표현을 해야 한다. 예 '많이 불편하셨죠?, 속상하셨겠습니다' 등의 마음을 공감해 주는 표현을 한다.

3단계 : 원인분석

- 고객의 얘기를 끝까지 잘 듣고 불평 원인을 정확하게 분석한다.
- 회사의 규정, 승무원의 태도, 다른 승객과의 문제 등 원인에 따라 적절한 응대방법이 필요하다.

4단계 : 신속한 해결과 대안제시

- 신속한 대처와 적극적으로 개선하려는 의지를 보이며 불만이 생긴 원인을 해결해 준다. 예 음료 서비스 지연으로 화가 난 승객에게는 신속하게 원하는 음료를 서비스하고 더 필요한 것이 있는지 물어본다.
- 해결이 되지 않은 경우 반드시 대안을 제시하여 승객이 수긍할 수 있도록 한다. 예 기내에서 제공되지 않는 서비스 물품을 찾는 경우 가장 비슷한 물품으로 대체하여 제공한다.
- 기계적이거나 의무적이기보다 성의를 다해 해결하려는 모습을 보여야 한다.

5단계 : 다시 한 번 사과와 감사

- 승객에게 불편을 드린 것에 대해 다시 한 번 사과하고 지속적으로 관심을 기울인다.
- 상황을 이해하고, 추후 개선점을 알게 된 것에 대해 감사를 드린다.

불평고객 응대 5단계

사과

↓

경청과 공감

↓

원인분석

↓

신속한 해결과 대안제시

↓

다시 한 번 사과와 감사

제 2 장

고객서비스의 이해

CABIN CREW ROLE PLAY GUIDE BOOK

1. 객실승무원의 기본 매너
2. 효과적인 서비스커뮤니케이션

제 2 장 고객서비스의 이해

1 객실승무원의 기본 매너

1) 객실승무원의 표정

객실승무원들은 고객을 처음 만났을 때 먼저 고객의 눈을 바라보며 마음을 읽고 대화를 시작해 나가는 것이 원활한 서비스의 시작이 될 수 있다. 따라서 고객과 눈을 맞추는 것이 서로 간의 중요한 커뮤니케이션 수단이라고 할 수 있다. 실제로 눈을 마주치며 고객의 마음을 읽는 것은 말을 하는 것만큼 상대방에 대해 많은 것을 알게 해 준다. 반대로 눈을 맞추지 않게 되면 고객은 관심과 성의가 부족하다고 느끼게 되며 신뢰감이 부족하다고 생각하게 된다. 한 실험결과에 의하면 사람의 두뇌는 상대방을 떠올릴 때 한 사람의 전체적인 이미지 중에서 60% 이상을 눈의 이미지에 따라 기억을 한다고 한다. 이처럼 고객과의 커뮤니케이션에 있어 객실승무원의 눈빛은 호감을 느끼게도 하고 반대로 불쾌감을 가지게도 한다.

일반적으로 얼굴 표정은 개인의 생각, 심리 상태 등이 나타나는 곳이며 첫인상을 결정짓는 중요한 요소이다. 객실승무원의 표정은 내 마음을 고객에게 보여주는 창구라고 할 수 있으며 고객에게 개인의 호감, 비호감뿐만 아니라 항공사의 이미지 형성에도 중요한 역할을 한다. 표정은 다양한 모습으로 자신과 회사를 대표할 수 있으므로 고객을 응대할 때는 항상 미소를 잃지 말아야 한다.

① 객실승무원의 바른 눈의 표정

- 고객과의 눈높이를 맞추려고 노력한다.
- 눈동자가 한쪽으로 치우치지 않고 항상 중앙에 위치하도록 한다.
- 시선을 피하지 않고 부드럽게 고객의 미간을 바라본다.
- 부드러운 시선을 위해 눈 주변의 근육에 힘을 빼고 가볍게 한다.

② 객실승무원이 피해야 할 눈의 표정

- 눈을 아래로 내려뜨거나 반대로 치켜뜨는 것은 바람직하지 않다.
- 옆으로 곁눈질을 하면 고객이 불쾌감을 느끼게 된다.
- 고객을 흘겨보는 눈은 상대방으로 하여금 적대감이 들게 한다.
- 눈을 자주 깜빡이는 것을 삼간다.
- 고객을 아래, 위로 훑어보지 않도록 한다.
- 고객을 너무 뚫어지게 응시하지 않는다.
- 얼굴을 움직이지 않고 눈동자만 움직여서 바라보지 않는다.
- 눈가의 근육에 너무 힘을 주지 않는다.

③ 객실승무원의 호감 가는 입의 표정

- 입은 벌리고 있지 않고 가볍게 다물거나 혹은 윗니만 살짝 보이게 한다.
- 입의 양 꼬리가 한쪽으로 치우치지 않고 균등하게 올라가게 한다.

2) 객실승무원의 표정 실습

사람의 얼굴에는 약 80여 개의 근육이 있으며 어린아이일수록 웃는데 필요한 얼굴 근육을 자주 사용함으로써 늘 웃는 얼굴이 된다. 반면에 성인이 되어갈수록 잘 웃지 않고 무표정한 표정을 많이 짓게 되어 근육의 활용도가 낮아져 굳은 표정으로 변해가는 것이다. 즉, 사람들이 나이가 들어서 무표정하거나 잘 웃지 않는 것이 아니라 자주 웃지 않기 때문에 나이든 얼굴로 변화되는 것이다. 밝은 표정은 하루아침에 만들어지지 않는다. 무표정한 얼굴 표정은 일정하고 꾸준한 미소훈련을 통해 숙달되게 함으로써 보다 더 자연스러운 표정연출을 가능하게 한다. 다른 운동과 마찬가지로 평소에 얼굴 근육운동을 통하여 자신이 원하는 밝은 표정을 표현할 수 있다.

객실승무원 채용과정에서 여러 차례의 면접을 통해 자연스러운 미소와 호감 가는 표정을 지닌 지원자를 선발하려고 하는 것도 이러한 이유 때문이다. 또한 입사 후에도 지속적인 교육과 훈련을 통해 항상 밝은 표정과 올바른 매너를 유지하도록 하는 것이다. 아래의 순서로 꾸준하게 표정연습을 한다면 상대방에게 호감을 주는 밝은 표정을 가진 서비스맨으로 변화하게 될 것이다.

(1) 눈썹과 눈

① 조용히 눈을 감고 마음을 편안히 가지고 앉은 자세로 실시한다.
② 깜짝 놀란 것처럼 눈썹을 위로 올린다.
③ 반대로 찡그린 표정으로 눈썹을 내린다.
④ 눈을 최대한 크게 뜬 상태에서 눈동자만 좌→우→위→아래로 회전한다.

(2) 뺨

① 뺨에 공기를 가득 넣어 부풀린다.

② 빰을 부풀린 채로 좌우로 이동한다.

③ 여러 번 좌우로 이동한 후 '푸'하고 입으로 공기를 뱉어낸다.

(3) 입

① 발성연습도 겸해서 하도록 한다.

② 아→에→이→오→우→에→이 모양으로 입을 크게 벌린다.

③ 이때 최대한 입모양을 정확하게 크게 해야 효과적이다.

(4) 입술

① 양쪽 입꼬리를 같은 높이로 귀까지 잡아당긴다는 느낌으로 올린다.

② 입술을 다물고 모아 앞으로 최대한 내민다.

(5) 턱과 코

① 턱을 좌우로 여러 번 움직인다.

② 숨을 크게 들이마셨다가 잠시 멈춘 후 천천히 코로 내쉰다.

미소 연습

① 입을 다문 상태에서 양쪽 빰에 공기를 넣어 가득 부풀린다.

↓

② 부풀린 상태에서 상, 하, 좌, 우로 여러 번 움직인다.

↓

③ 입을 조금 벌려서 공기를 천천히 뱉어낸다.

↓

④ 양쪽 입꼬리를 같은 높이로 당겨 올리는 느낌으로 초승달 모양으로 만든다. 이때 입술이 일(一)자가 되지 않도록 주의한다.

↓

⑤ 큰소리와 정확한 입모양으로 천천히 "아-에-이-오-우-에-이"를 발음한다.

↓

⑥ "위스키-이"의 발음을 유지하면서 입꼬리에 힘을 주어 미소를 만든다.

3) 객실승무원의 인사

인사는 한자로 사람 인(人) + 일 사(事)로 '사람의 일', '사람으로서 마땅히 해야 하는 일'을 의미한다. 상대방에 대한 안부와 공경하는 뜻을 표현할 때의 예(禮)로서 인간관계의 시작이기도 하다. 항공사의 여러 고객접점 중에서 중요한 접점을 차지하는 객실승무원과 고객의 접점에서 첫인상을 좌우하기도 하는 것이 인사로서 서비스의 시작을 원활히 할 수 있는 기본이기도 하다. 인사란 '당신을 보았습니다'라는 사인으로 원칙적으로 상사, 부하, 선배, 후배 구별하지 않고 먼저 본 사람이 먼저 인사를 하는 것이 자연스럽다. 상대가 고객이라면 더욱 먼저 인사를 하도록 해야 한다. 사람은 누구든지 상대방에게 자신의 존재를 인정받는다는 것에 기쁨을 느낀다. 고객에게 진정한 마음을 담은 인사를 생활화할 때 자신은 물론 회사의 이미지와 브랜드 가치는 더욱 높아질 것이다.

(1) 인사의 종류

① 목례

목례를 흔히 목으로 하는 인사로 알고 있는 경우가 있다. 하지만 목례란 목이 아닌 눈으로 하는 눈인사를 의미한다. 일상생활은 물론 서비스 도중에도 가장 자주하게 되는 인사의 종류이다. 일반적으로 모든 대화와 동작을 할 때 함께 하거나 좁은 장소나 아까 만났던 사람을 또다시 만난 경우에 하는 인사이다. 실제로 목례를 목으로 까딱하는 인사로 착각을 하는 경우가 있지만 이는 성의 없는 인사방법이다. 고객의 눈을 맞추고 상체를 5~15도 정도 허리를 굽혀 잠깐 멈추었다가 원래대로 바로 상체를 일으키는 것이 올바른 목례의 방법이다. 목만 숙인다든지 등을 구부린다든지 얼굴을 든다든지 하는 것은 올바른 목례의 자세가 아니다. 목례는 다른 인사의 종류와 달리 인사말의 생략이 가능한 인사방법이다.

목례(5~15도)

- 동료, 후배를 항공기 복도에서 만났을 때 하는 가벼운 인사
- 자주 만나는 경우와 복도, 실내에서 살짝 허리를 숙이며 하는 눈인사
- 아랫사람이 경례를 할 경우 윗사람이 답례로 하는 인사
- 일상생활 중 엘리베이터, 식당, 양손에 짐을 들고 있을 경우 하는 인사
- 대화 도중, 보행 중인 사람에게 말을 걸 때 건네는 인사
- 승객에게 서비스 시 음료, 식사 등의 서비스 물품을 건넬 때 하는 인사

② 보통례

자연스럽게 보이는 가장 일반적인 인사로서 일상생활 도중 상대방에게 반가움을 전달하기 위해 하게 되는 인사방법이다. 윗사람에게, 고객

을 맞이하거나 배웅할 때, 상사에게 인사할 때 적합한 인사방법이다. 객실승무원이 승객 탑승과 하기 시 주로 하는 인사의 종류이다.

보통례(30도)

- 윗사람, 고객에게 하는 일반적인 인사
- 고객응대 시 "안녕하십니까? 어서 오십시오.", "감사합니다. 안녕히 가십시오." 등의 상황에 적절한 인사말과 함께 하는 인사
- 항공기에서의 Welcome, Farewell 인사

③ 정중례

정중례란 정중히 사과를 해야 하는 경우나 감사의 마음을 전달할 때 하는 인사방법으로 상체를 45도 정도 깊게 숙여 상대에게 정중함을 표현하는 인사방법이다.

정중례(45도)

- 가장 정중한 인사로 의식행사에서 하거나 자신보다 지위가 높은 사람에게 하는 인사
- 고객에게 실수했을 때, 큰 감사의 뜻을 표현할 때 하는 인사로 "대단히 감사합니다.", "대단히 죄송합니다."의 인사말과 함께 하는 인사

(2) 인사방법

올바른 인사를 위해서는 먼저 바른 자세로 서는 것이 기본이라고 할 수 있다. 항공기를 이용하는 승객들은 항공기에 탑승하면서부터 객실승무원과 처음 만나게 된다. 승객 탑승 시 객실승무원들은 자신의 담당 위치에 서서 승객들에게 인사를 하며 첫 대면을 하게 된다. 이 순간 밝은

환영의 인사가 승객들에게는 항공사의 이미지를 평가하는 요소가 된다.

인사방법

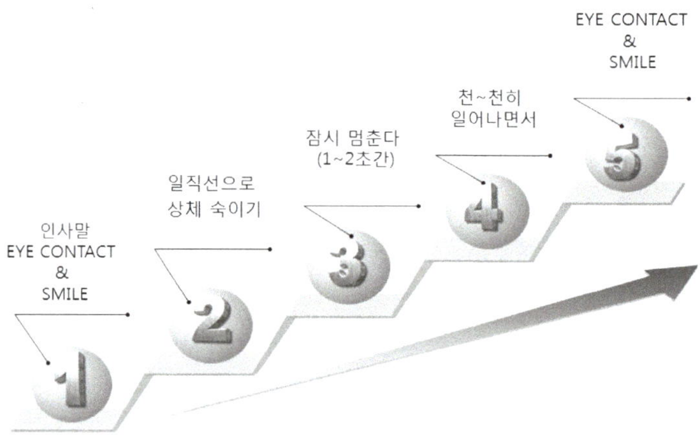

① 바른 자세로 선다.

- 바른 자세로 고객을 향하여 똑바로 선다.
- 발꿈치를 붙이고 어깨와 허리를 곧게 편다.
- 어깨에 힘을 뺀 상태로 등은 굽지 않도록 한다.
- 남승무원은 두 주먹을 가볍게 쥐고 바지의 재봉선에 손을 갖다 댄다. 손의 위치를 주의하여 공수를 해도 무방하다.
- 여승무원은 두 손을 자연스럽게 앞에 모아 공수자세를 취한다.

※ 공수자세

공수(拱手)는 어른들을 모시거나 의식행사 참여 시 두 손을 마주잡아 공손한 자세를 취하는 것을 말한다. 공수자세 시 손의 위치를 주의하여 실수를 하지 않도록 한다. 손의 위치는 여우남좌(女右男左)를 기억하면 된다. 승객응대 시 인사를 하는 경우에는 남승무원은 왼손이 위로, 여승무원은 오른손이 위로 가도록 공수한다. 단 흉사에 참석할 때의 공수 위치는 평상시와 반대로 한다.

② 인사말, Eye Contact & Smile

- 상황에 적절한 인사말을 건넨다.
- 부드러운 눈으로 상대방을 바라보며 미소 짓는다.

③ 일직선으로 상체 숙이기

- 머리, 목, 등이 일직선이 되게 하여 허리를 굽힌다는 기분으로 상체를 숙인다.
- 배에 힘을 주고 턱은 끌어당긴다.
- 엉덩이는 힘을 주어 뒤로 빠지지 않도록 한다.

④ 잠시 멈춘다.

- 상체를 숙인 상태에서 시선은 1.5~2m 떨어져 있는 상대방 발끝을 향하여 1~2초 정도 멈춘다.
- 상체를 숙였다가 바로 일어날 때와 비교하면 잠시 멈추었다 일어나게 되면 상대방이 정중하다는 느낌을 받게 된다.

⑤ 천천히 상체를 일으킨다.

- 숙일 때보다 상체를 천천히 일으킨다.
- 잠시 멈추는 것과 마찬가지로 상체를 천천히 일으키게 되면 더욱 정중한 느낌이 든다.

⑥ 바른 자세, Eye Contact & Smile

- 바른 자세로 서서 밝은 표정과 함께 고객을 바라본다.

4) 객실승무원의 바른 자세

자세는 마음을 외적으로 표현하는 하나의 수단으로 바른 자세만으로도 좋은 이미지를 줄 수 있다. 객실승무원의 자세가 바르고 행동이 예의 바르다면 호감뿐만 아니라 신뢰감을 주게 된다. 안전과 친절한 서비스를 책임지는 객실승무원에게 호감 이미지와 신뢰감은 중요한 자질이라고 할 수 있다. 또한 항공기에서는 여러 가지 육체적인 피로도가 있는 업무들이 있다. 이런 업무 중의 올바른 자세는 일의 능률도 올릴 수 있고 부상을 방지할 수도 있다. 유니폼을 착용한 객실승무원의 겉모습이 아무리 화려하고 단정하더라도 자세나 행동이 바르지 않다면 승객들은 부정적인 이미지를 가지게 되므로 항상 자신의 자세를 체크하는 것이 바람직하다.

(1) 객실승무원의 선 자세

인사뿐만 아니라 모든 자세의 기본이 되는 것은 바르게 선 자세에서 시작된다. 현대인들은 평소 잦은 핸드폰 사용, 장시간 컴퓨터 업무 등을 하면서 자세를 신경 쓰지 않아 결국 등이 굽어지고 턱은 앞으로 나와 거북목, 일자목 등이 되어 자세가 올바르지 않은 경우가 많다. 이러한 바르지 않은 자세로는 아무리 예쁘고 세련된 옷을 입어도 멋있게 보이기는 힘들 것이다. 객실승무원들은 항상 유니폼 착용 후 거울 앞에서 자신이 서 있는 정면과 옆모습이 전반적으로 밸런스가 맞는지를 점검하는 습관을 가지고 바른 자세를 유지할 수 있도록 노력해야 한다. 밸런스가 잘 맞지 않을 경우 수시로 벽에 등을 붙이고 바르게 서 있는 연습을 통해 자연스럽게 교정할 수 있도록 해야 한다.

① 객실승무원의 바른 선 자세

- 머리는 한쪽으로 기울지 않도록 하여 정면을 향한다.
- 시선은 정면에 두고 턱이 자꾸 들리지 않도록 주의하고 살짝 당겨 준다.
- 어깨, 등이 굽지 않도록 한다.
- 양어깨는 한쪽으로 치우치지 않게 수평이 되도록 한다.
- 아랫배와 엉덩이에 힘을 주어 허리를 펴고 바로 선다.
- 밝은 표정으로 시선은 고객의 미간을 부드럽게 바라본다.
- 여승무원은 오른손이 위로 가게 공수자세를 취한다.
- 남승무원은 양손을 살짝 주먹을 쥐어 바지 재봉선 옆에 붙여 차렷 자세를 취한다.
- 두 발꿈치를 붙인다.

② 객실승무원의 바르지 못한 선 자세

- 바르게 서지 않고 상체를 앞으로 굽힌다.
- 아랫배에 힘을 주지 않고 엉덩이를 뒤로 빼 허리가 굽는다.
- 어깨가 수평을 이루지 않고 한쪽으로 치우친다.
- 무릎에 힘을 주어 붙이지 않고 벌리고 서 있다.
- 한쪽 발에 힘을 주어 짝발로 서 있는 자세는 바르지 않게 보인다.
- 승객 앞에서 팔짱을 끼고 서 있는 자세는 좋지 않은 인상을 준다.

(2) 객실승무원의 걷는 자세

항공기 기내는 다수의 많은 인원이 한정된 공간에서 일정한 시간 동안 함께 지내기 때문에 여러 소음에 노출되어 있다. 특히 밤비행의 경우 무심코 들려오는 발소리가 귀에 거슬리는 경우가 있다. 실제로 승무원의 쿵쿵거리는 발소리 때문에 잠을 잘 수가 없다는 컴플레인이 종종 발생하기도 한다. 객실승무원들은 발소리가 고객의 귀에 거슬리지 않게 하기 위해 걸음걸이에도 주의를 기울여야 한다. 비행 근무를 할 때뿐만 아니라 일상생활에서도 발소리가 크게 나지 않도록 조심해서 걷는 것은 기본 매너이며 타인에 대한 배려라고 할 수 있다.

물론 활기차고 당당한 걸음걸이가 신뢰감을 주고 자신감을 나타낸다. 따라서 상황에 따라 걸음걸이도 다르게 할 필요가 있다. 예를 들어 비행 전후 공항에서 이동을 하는 경우에는 젊고 활기차게 남들과 달리 조금 빠르게 걸어서 진취적이고 자신감을 보여 줄 수 있어야 한다. 유니폼을 착용하고 처진 어깨로 걸음이 느리게 의욕 없이 걷게 되면 고객들의 눈에 자신감이 없어 보이고 안전을 책임지는 객실승무원에 대한 신뢰감에도 문제가 생길 수 있다. 축 처진 느린 걸음으로 걸어가는 승무원과 발걸음도 경쾌하게 가슴을 쭉 펴고 또렷한 눈빛으로 정면을 향해 스마트하게 걸어가는 승무원 중 고객들은 어느 쪽을 더 신뢰하게 될 것인가? 상황에 맞게 걸음걸이에도 변화를 줄 수 있어야 할 것이다.

① 객실승무원의 바른 걷는 자세

- 허리와 등을 펴서 상체를 곧게 유지한다.
- 어깨의 힘을 빼고 한쪽으로 기울지 않도록 한다.
- 턱을 들지 않고 당긴다.
- 전방 5~6m 앞에 시선을 둔다.
- 무릎을 편 상태로 배에 힘을 주고 엉덩이를 흔들지 않는다.
- 손은 가볍게 주먹을 쥐고 팔은 양쪽 같은 높이로 적당히 흔들어 준다.
- 무릎을 스치며 11자 보행을 한다.

- 신발을 끌지 않는다.
- 발 뒤꿈치→발바닥→발 앞꿈치 순서로 닿게 한다.
- 쿵쿵거리며 걷지 않는다.
- 밝은 표정으로 활기차게 걷는다.

② 객실승무원의 바르지 못한 걷는 자세

- 턱을 들거나 앞으로 빼고 걷는다.
- 고개를 아래로 숙이고 걷는다.
- 어깨, 등을 굽히고 상체를 흔들며 건들건들 걷는다.
- 배를 앞으로 내밀고 걷는다.
- 지나치게 굽이 높은 구두를 신어 무릎을 굽히고 부자연스럽게 걷는다.
- 주머니에 손을 넣고 걷는다.
- 팔자걸음이나 안짱걸음으로 걷는다.
- 신발이 끌리는 소리를 내며 걷는다.
- 발소리를 쿵쿵 울리며 걷는다.

(3) 객실승무원의 앉는 자세

객실승무원들은 서비스를 할 때는 주로 서서 근무를 하게 되지만 항공기가 이착륙할 때 Jump Seat에 앉아 승객을 마주보게 되는 경우가 많다. 승무원 좌석의 특성상 앉아 있는 모습이 승객들에게 그대로 노출이 되므로 다리를 꼬고 앉는다든지 자세를 바르지 않게 하지 않도록 주의해야 한다. 평소 의자에 앉을 때도 자세를 신경 쓰지 않게 되면 신체의 균형이 무너져 건강유지에 문제가 생길 수도 있다. 따라서 앉아 있을 때는 상반신은 항상 선 자세처럼 바르게 해야 등이 굽지 않고 앉았을 때 다리도 모아지게 된다.

① 객실승무원의 바른 앉는 자세

- 여승무원은 두 손을 가지런히 무릎 위에 올려놓고 무릎을 붙이고 앉는다.
- 남승무원은 양손을 무릎 위에 나란히 놓고 다리는 어깨 넓이 정도로 약간 벌리고 앉는다.
- 엉덩이는 Jump Seat에 깊숙이 붙이고 앉는다.

② 객실승무원의 바르지 못한 앉는 자세

- Jump Seat 끝에 걸터앉는다.
- 등을 구부리고 앉는다.
- 여승무원의 경우 무릎을 붙이지 않고 앉는다.
- 남승무원의 경우 다리를 너무 모으거나 반대로 너무 벌리고 앉는다.
- 다리를 꼬고 앉는다.
- 팔짱을 끼고 앉아 무릎을 떤다.

(4) 비행 중 상황별 바른 자세

① 방향 지시 상황

승객이 "화장실이 어디예요?"라고 물어왔을 경우에 직접 안내를 해주는 것이 원칙이지만 상황에 따라 직접 안내가 힘든 경우 "네, 화장실은 뒤쪽입니다."라고 빠르게 응대하면서 다음과 같이 방향을 지시한다.

- 손가락을 붙이고 손바닥을 비스듬히 전체로 펴서 방향을 지시한다.
- 팔꿈치의 각도로 원근감을 나타낸다.

- 방향지시를 할 때 시선은 고객의 눈→가리키는 방향→고객의 눈 순으로 향하여 안내를 이해했는지 확인한다. 이때 안내말도 분명히 한다.
- 오른쪽은 오른손, 왼쪽은 왼손을 사용하여 지시한다.
- 지시할 때는 너무 느리거나 빠르지 않게 행동한다.
- 사람을 가리킬 때는 두 손을 사용해야 하며 손가락으로 가리키지 않도록 주의한다.
- 고객의 위치를 기준으로 방향을 지시한다. 마주보고 있을 때 나에게는 오른쪽이지만 고객에게는 왼쪽이 되는 것이다.
- 뒤쪽을 지시할 때는 몸을 돌려 방향을 지시한다.
- 손가락으로 지시하지 않는다.
- 턱, 고갯짓으로 안내하거나 상대의 눈을 피하며 지시하는 행동은 상대방에게 불쾌감을 줄 수 있다.

② 물건 수수 상황

물건 수수는 기내 서비스에서 빈번하게 일어나는 상황이다. 고객에게 음료, 식사 서비스를 할 때, 입국 서류를 건넬 때, 면세품 판매를 할 때 등 다양한 상황이 있다. 누구나 일상생활에서 돈, 카드, 책, 볼펜 등을 건네거나 받아본 경험이 있을 것이다. 얼굴에만 표정이 있는 것이 아니라 손에도 표정이 있다고 한다. 물건을 주고받는 동작에도 얼굴처럼 표정이 있다는 것이다. 만약 승무원이 승객에게 서류를 건네는데 방향을 거꾸로 준다면 배려가 부족하다고 생각할 수 있다. 반대로 볼펜을 쓰기 편하도록 손잡이 방향으로 건넨다면 승무원이 밝은 표정으로 승객을 대하는 것처럼 고객은 친절함을 느낄 수 있을 것이다,

- 서비스할 물건은 가슴과 허리선 사이에 오도록 잡는다. 앉아 있는

고객에게 물건을 건넬 때는 더 낮춰 잡아야 안정감이 있다.

- 앞-공손한 위치, 옆-친근한 위치, 뒤-불손한 위치이므로 서비스 시 고객의 앞쪽에 서도록 한다.
- 위험한 물건은 상대방이 바로 손잡이를 잡을 수 있도록 건네며 책, 서류 등은 고객이 글씨를 바로 볼 수 있도록 전한다.
- 물건을 전달할 때 밝은 표정과 함께 물건명을 말한다.
- 시선은 고객의 눈→물건→고객의 눈으로 옮겨 제대로 전달되었는지 확인한다.
- 고객에게 두 손으로 물건을 건네는 것이 정중해 보이고 바람직하다.
- 크기가 너무 작아 두 손으로 잡기 힘들 때 나머지 한 손을 받치면 두 손의 의미가 된다.
- 물건을 전달하고 목례를 한다.

2 효과적인 서비스커뮤니케이션

1) 객실승무원의 바람직한 대화 매너

객실승무원과 고객 사이에서 말은 아주 중요한 의사소통의 수단이다. 항상 고객에게 말을 할 때는 고객이 이해하기 쉽고 수긍할 수 있도록 생각을 하고 말해야 한다. 미처 생각하기도 전에 말을 해버리게 되어 고객의 불만을 야기하는 경우도 있다. 마음에서 진심으로 우러나오는 말은 타인과 교감을 이루게 하고 많은 사람에게 감동을 주기도 한다. 대화는 사회생활을 할 때 사람의 마음과 마음을 연결해 주는 역할을 하며 인간관계의 다른 표현이기도 하다.

대화를 할 때 말을 하는 것도 중요하지만 상대방의 얘기를 듣는 습관을 먼저 길러야 한다. 사람이 귀가 둘이고 입이 하나인 이유는 듣는 것을 더 소중히 하라는 뜻으로 탈무드에 나오는 얘기이다. 이는 단순히 귀만 열어 듣는 것을 의미하는 것이 아니라 마음의 문을 연다는 생각으로 경청하는 것이 바른 듣기의 자세라는 것이다. 특히 객실승무원과 같은 서비스 종사자들은 잘 듣고 말하는 올바른 대화 매너를 바로 알고 지키는 것이 서비스 이용 고객과의 올바른 관계형성에 중요하다고 할 수 있다.

2) 객실승무원의 바람직한 대화 태도

① 고객과 시선을 맞추며 대화하자.

기내에서 고객과 대화 시 상대방의 눈을 바라보는 것은 내가 말하는 내용에 대한 확신과 믿음을 주며 부드러운 시선은 따뜻함과 친절함을 느끼게 한다. 눈을 바라보는 것은 다른 사람의 말에 관심과 가치를 부여하고 있음을 나타내기도 하는 것이다. 고객에게 무언가 말할 때는 물론 고객이 내게 말을 걸 때에도 반드시 미소를 지으며 눈을 마주치는 것이 가장 기본적인 대화 매너이다.

② 미소 띤 표정으로 대화를 한다.

실제 대화는 언어적인 요소로만 이루어지는 것이 아니다. 고객과 대화를 할 때 표정이 굳어지거나 얼굴을 찡그리게 되면 성대가 위축되어 밝지 않고 탁한 목소리가 나게 된다. 이러한 목소리로 대화를 하게 되면 고객은 승무원에게 불친절함을 느끼게 되어 다른 서비스에 대한 불만으로 이어지게 되기도 한다. 따라서 미소를 띠며 밝은 표정으로 대화를 하는 습관을 들이는 것이 필요하다. 이때 시선은 고객의 미간과 인중 사이를 부드럽게 바라보면서 말한다면 상대방은 승무원의 부드러운 시선을 느끼게 된다. 고객을 너무 정면에서 똑바로 보고 말을 하게 되면 위압감을 느낄 수 있다. 대화 시 고객의 시선을 피하거나 눈치를 살피며 흘끔거리는 행동, 아래 위를 훑어보게 되면 상당한 불쾌감을 느끼게 된다. 이러한 점을 주의하여 고객과 대화를 하는 것이 바람직하다.

③ 고객의 이름, 호칭을 부르며 대화한다.

일반석에서 기내서비스 시 고객의 이름이나 호칭을 부르며 서비스를 하는 것은 사실상 힘든 일이다. 하지만 상위 클래스에서는 SHR을 통해 고객정보를 알 수 있으므로 이를 적극적으로 활용하는 것이 좋다. 고객은 누구나 자신에게 관심을 가져주고 자기를 알아주기를 바라는 심리를 가지고 있다. 자신의 이름이나 호칭을 불러주며 서비스하는 승무원에게 당연히 호감이 가기 마련이다. 물론 평소에도 상대방의 이름을 기억하는 것은 대화할 때 가장 기본적이면서도 중요한 예의이다. 자신의 이름을 불러주면 고객은 서비스에 대해 특별함과 친절함을 느끼게 될 것이다. 대화 도중, 서비스 시 잊지 않고 상대의 이름, 호칭을 불러주면 친밀감을 느끼게 되어 서비스에 대한 만족도도 상승하게 될 것이다.

④ 적절한 제스처는 대화를 풍부하게 한다.

고객과의 대화 시 승무원의 표현이 너무 경직되어 있다면 불편함을 느끼게 될 수 있다. 따라서 대화에 알맞은 제스처를 통해 보다 더 효과적으로 메시지를 전달할 필요가 있다. 제스처는 대화가 단조롭지 않도록 하고 더욱 풍부해지도록 만드는 마법을 가진 기술이다. 올바른 제스처 라인은 어깨에서부터 허리선 사이라고 할 수 있다. 너무 빈번하거나 과장된 제스처는 오히려 대화에 방해가 되므로 주의해야 한다. 대화 내용이나 상황에 따라 적절한 제스처를 사용하게 된다면 고객에게 더욱 효과적으로 전달할 수 있을 것이다.

⑤ 고객의 말을 경청한다.

경청이란 상대의 말을 듣고 이해하고 반응을 보이는 화법이다. 상대방의 언어적 요소뿐만 아니라 비언어적인 요소 모두에 집중하여 듣는다는 것이다. 즉, 상대방의 감정수준은 물론 메시지 내용에도 신경을 써서 집중해야 한다는 의미이다. 경청하는 자세는 고객에게 신뢰감과 호감을 준다. 대화를 잘 하는 사람은 말을 잘 하는 사람이기보다 오히려 잘 들어주는 사람이라는 말처럼 대화에서 경청의 중요성을 간과해서는 안 된다. 상대방에게 잘 경청하고 있다는 것을 알려주기 위해 적당히 사용하는 제스처, 고개를 끄덕인다든가 말로 맞장구를 해 주는 화법도 필요하다. 또한 자신이 가지고 있는 선입견, 편견 등을 버리고 상대방의 입장이 되어 공감하는 표현은 특히 불만고객이 발생했을 때 중요한 대화 방법이다.

고객의 말을 들을 때는 단순히 소리만을 듣는 것이 아니라 정확하게 이해하고 반응을 보이는 것이 진정한 경청의 의미이다. 이것은 고객의 의도를 잘 이해하고 파악하면서 듣는다는 뜻이다. 효과적인 경청은 고객이 전하는 메시지의 핵심을 간파할 수 있어야 한다. 또한 고객이 말하는 것 이면에 숨어있는 메시지까지 놓치지 말고 읽어내야만 한다. 이러한 경청 스킬을 통해 기내에서 승객의 감정을 제대로 알아차리고 실제 요구하는 사항을 제공한다면 서비스만족도가 더욱 높아질 수 있다는 것이다.

바른 경청 자세

- 산만한 행동 멈추기
- 부드러운 표정으로 시선 맞추기
- 맞장구, 공감표현 활용

대화 시 지켜야 할 매너

- 분명한 발음, 듣기 편한 적당한 속도로 너무 빠르지 않게 말한다.
- 대화 도중에는 산만하지 않도록 시선을 주로 고객에게 준다.
- 대화 시 고객을 너무 뚫어지게 쳐다보는 것은 매너에 어긋난다.
- 침을 튀기거나 같은 말을 계속 반복하지 않도록 주의한다.
- 너무 작은 소리로 속삭이지 않는다.
- 둘 이상의 사람과 대화 시 한 사람과 귓속말을 주고받지 않는다.
- 음식을 먹으면서 이야기하지 않는다.
- 대화상대, 장소, 분위기 등의 상황에 적절한 유머, 공통의 화제로 대화한다.
- 혼자 아는 척하거나 계속 말하지 않는다.
- 다른 사람의 비밀 얘기, 사적인 질문은 화제로 삼지 않는다.
- 대화 도중 고객의 말을 끊고 자기 이야기를 하지 않는다.
- 상대방에게 신체적인 불쾌감을 주는 내용의 대화는 삼가야 한다.
- 외국어, 어려운 전문용어는 가급적 사용을 자제한다.
- 고객의 이야기를 잘 경청하고 공감하며 맞장구 쳐준다.
- 자신의 이야기는 40%, 들어주는 것은 60% 정도로 듣기를 더 많이 하도록 한다.

효과적인 대화를 위한 주의사항

- 불만이나 푸념과 같은 부정적인 말보다는 가급적 긍정적인 말을 하도록 한다.
- 쿠션언어를 적절히 활용하여 부드러운 대화분위기를 만들도록 한다.(죄송합니다만, 실례합니다만, 번거로우시겠지만, 괜찮으시다면, 어려우시겠지만...)
- 화가 난 고객의 말을 똑같이 감정적으로 맞받지 않는다.
- 지나치게 스스로를 과소평가하여 낮추는 말을 가급적 쓰지 않는다.

- 어떤 상황이 돌아가는 대로 생각 없이 대충 말하지 않는다.
- 어떤 상황에 대해 상대방도 나와 같은 생각일 것이라 속단하지 않는다.
- '음...', '있잖아요...' 등의 무의미한 단어를 습관적으로 반복하지 않는다.
- '~인 것 같아요'라는 불확실한 말은 피한다.
- 다양한 주제에 대한 대화를 할 수 있도록 늘 준비해 둔다.
- 친한 관계일수록 서로 간에 더욱 예의를 지킨다.

불만고객 응대 대화법

상황	대화법
사과와 공감	• 정말 죄송합니다. • 불편을 끼쳐드려 죄송합니다. • 고객님, 많이 불편하셨겠습니다. • 고객님 마음을 충분히 이해합니다. • 그 부분은 저도 안타깝게 생각합니다.
상황설명	• 스포츠 신문이 다 서비스가 되어서... • 오늘 좌석이 만석이라... • 비빔밥이 모두 서비스가 되어서... • 오늘 단체 승객이 많아서...
대안제시	• 기내에 캔커피는 탑재되지 않습니다. 시원한 커피나 주스는 어떠십니까? • 스포츠신문은 다 서비스가 되었습니다. 괜찮으시다면 다른 분이 보신 신문을 깨끗이 정리해 드려도 되겠습니까?
감사	• 이해해 주셔서 감사합니다. • 양해해 주셔서 감사합니다. • 협조해 주셔서 감사합니다. • 기다려 주셔서 감사합니다.

출처 : 올댓 스튜어디스 항공사 취업전략, 이향정

제 3 장

기내 상황별 롤플레이 사례

CABIN CREW ROLE PLAY GUIDE BOOK

1. 항공기 이륙 전 서비스 상황
2. 항공기 이륙 후 식음료 서비스 상황
3. 비행 중 일반 서비스 상황
4. 비행 중 비정상 상황
5. 객실승무원 관련 상황

제 3 장 기내 상황별 롤플레이 사례

1 항공기 이륙 전 서비스 상황

Case 1-1 탑승권 검사를 자꾸 한다고 불평하는 승객

Q 항공기 탑승 중에 승객이 탑승권 검사를 왜 자꾸 하냐고 불평을 합니다. 어떻게 하시겠습니까?

Situation

모든 수속을 마치고 드디어 비행기에 탑승, 게이트 앞에서 탑승권을 보여주고 가방에 넣었는데 비행기 입구에서 승무원이 또 탑승권을 보여 달라고 한다. 이미 다 검사를 했는데 왜 귀찮게 또 보여 달라고 하냐며 짜증을 내는 상황이다.

Tip

- 보안을 위해서 탑승권 확인을 하고 있지만 승객에게는 탑승권 확인을 통해 좌석 안내를 해 드리겠다고 부드럽게 말씀 드린다.
- 기계적으로 탑승권 확인을 하기보다 밝은 미소로 승객을 맞이하면서 탑승권 확인을 한다면 불만을 줄일 수 있을 것이다.

A ______________________________

Case 1-2 탑승 중 좌석이 중복된 승객

Q 승객이 자신의 좌석에 이미 다른 승객이 앉아 있다고 승무원에게 도움을 요청합니다. 같은 번호가 배정되어 좌석이 중복된 승객, 어떻게 하시겠습니까?

Situation

객실승무원의 환영인사를 받으며 항공기에 탑승한 승객, 자신의 좌석에 이미 다른 승객이 앉아 있다. 당황스러운 마음이었지만 앉아 있는 승객의 탑승권을 확인해 보니 같은 좌석번호가 배정되어 있다. 화가 나고 무안하기도 해서 승무원을 불러 항의를 하는 상황이다.

Tip

- 중복좌석 배정이 객실승무원의 실수는 아니지만 불편을 겪은 승객에게 먼저 정중하게 사과한다.
- 신속히 사무장에게 보고하여 지상직원을 통해 좌석을 재배정 받을 수 있도록 한다.
- 두 승객 모두에게 불만을 야기할 수 있는 상황이므로 자리에 먼저 앉아 있던 승객에게도 사과를 하고 다른 승객도 점프 시트(Jump Seat)에서 앉아서 기다릴 수 있도록 응대한다.
- 새로운 좌석이 배정되면 안내를 해 드리고 다른 불만이 발생하지 않도록 신경 쓴다.

A

Case 1-3 원하는 좌석에 배정을 받지 못한 승객

Q 수속 시 창가 좌석을 원했는데 탑승해 보니 통로측 좌석이 배정되었다고 항의하는 승객을 어떻게 응대하시겠습니까?

Situation

비행기를 처음 타는 승객, 설레는 마음으로 탑승수속을 했다. 사전좌석지정제도에 대해서 알지 못해 미리 좌석 배정을 받지 않은 승객은 체크인 카운터에서 창가로 좌석 배정을 부탁했다. 설레는 마음으로 항공기에 탑승한 승객, 창가 좌석이 아니라 통로측으로 배정되어 있어서 승무원을 불러 자초지종을 설명하는데 오늘 좌석은 만석인 상황이다.

Tip

- 원하는 좌석에 배정 받지 못한 것에 대해 사과를 하고 승객의 마음을 공감해 준다.
- 비어 있는 창가 좌석이 있는지 알아보고, 만약 있다면 의향을 물어본 뒤 좌석을 바꿔드린다.
- 비어 있는 좌석이 없다면 서비스로 승객을 만족시켜 드리겠다고 말씀드리고 지속적인 관심을 보이며 다른 불만이 생기지 않도록 케어한다.

A ____________________

Case 1-4 뒷좌석으로 배정되어 불평하는 승객

Q 일부러 공항에 일찍 와서 수속을 했는데도 뒤쪽 좌석을 배정받았다고 항의하는 승객을 어떻게 응대하시겠습니까?

Situation

비행기를 탈 때마다 주로 뒷좌석을 배정받았던 승객, 이번에는 앞쪽으로 좌석을 배정받기를 희망하며 공항에 일찍 도착해 수속을 마쳤다. 그런데 항공기에 탑승해보니 또 뒷좌석이다. 매번 뒤편 좌석에 배정받아 좀 짜증이 난 상황이다.

Tip

- 먼저 원하는 좌석에 배정받지 못한 승객의 마음을 공감해 주며 사과를 한다.
- 비어 있는 앞쪽 좌석이 있는지 알아보고 있다면 의향을 물어본 뒤 좌석을 바꿔 드린다.
- 만석일 경우 다시 한 번 사과를 하고 사전좌석배정 서비스에 대해 안내해 드린다.
- 승객에게 서비스로 만족시켜 드리겠다고 말씀드리고 지속적인 관심을 보이며 다른 불만이 생기지 않도록 신경 쓴다.

A

Case 1-5 좌석이 떨어져서 배정된 신혼부부

Q 좌석이 떨어져 배정된 신혼부부가 함께 앉도록 해 달라고 부탁합니다. 어떻게 하시겠습니까?

Situation

예식을 마치고 서둘러 공항으로 향했지만 주말이라 그런지 길이 막혀 겨우 체크인 시간에 맞춰 도착을 했다. 비행기에 탑승을 해 보니 좌석이 앞뒤로 떨어져 배정되어 있다. 손님이 많아 빈 좌석도 없어 보이는 상황, 신혼여행인데 함께 앉아서 갈 수 없겠냐고 승객이 객실승무원에게 부탁하는 상황이다.

Tip

- 신혼부부의 좌석이 떨어져 배정된 것을 안타까워하며 공감을 해 준다.
- 만석인 경우 주변의 승객들에게 물어보고 양해를 구해 바꿔주거나 다른 구역으로 좌석 변경이 가능한지도 적극적으로 알아본다. 좌석을 바꿔주지 못하더라도 적극적으로 부탁을 들어주는 모습이 중요하다.

A

Case 1-6 짐을 선반에 올려달라는 승객

Q 승객이 자신의 짐을 선반에 올려달라고 하는데 혼자 들기에는 무거워 보입니다. 어떻게 하시겠습니까?

Situation

승객의 탑승이 원활하게 진행되고 있다. 한 승객이 자신의 짐을 가리키며 선반에 좀 넣어 달라고 한 뒤 자리에 착석한다. 딱딱하거나 위험해 보이지는 않지만 혼자 들어서 선반에 넣기에는 힘들어 보이는 상황이다.

Tip

- 오버헤드빈(Overhead Bin)에 너무 무겁거나 딱딱한 짐을 넣는 것은 위험할 수 있으므로 지양한다.
- 부피가 커서 혼자 선반에 올리기가 무리라고 판단되면 공손한 어투와 태도로 승객에게 도움을 요청해서 함께 선반에 넣는 것이 안전하다.
- 만약에 선반에 넣기에 너무 무거워 보이는 짐은 좌석 밑에 보관하도록 안내한다.

A

Case 1-7 선반에 짐을 겹쳐서 넣고 있는 승객

Q 승객이 선반에 짐을 넣고 있는데 자신의 가방 위로 술병이 든 쇼핑백을 겹쳐서 넣고 있습니다. 어떻게 하시겠습니까?

Situation

휴가철이라 비행기가 만석이라 짐을 보관할 수 있는 선반도 거의 찬 상태이다. 한 승객이 선반에 짐을 넣고 있는 중이다. 공간이 부족하여 기내용 캐리어를 넣고 그 위에 술병이 든 쇼핑백을 올리고 있는 것을 보게 된 상황이다.

Tip

- 짐을 겹쳐서 넣게 되면 혹시 선반이 열렸을 경우 위에 있는 짐이 떨어져 위험한 상황이 될 수 있다고 설명한다.
- 특히 딱딱한 술병은 선반에 보관하는 것이 위험하다고 알려주고 좌석 아래에 보관할 수 있도록 도와준다.

A

Case 1-8 선반에 승객의 짐을 올리다가 떨어뜨린 상황

Q 승객의 짐을 선반에 올리다가 실수로 앉아 있는 승객에게 떨어뜨렸습니다. 어떻게 하시겠습니까?

Situation

연세가 많아 보이는 승객이 머리 위 선반에 짐을 넣으려는 것을 보고 도와드리러 다가갔다. 그런데 짐을 넣다 그만 실수로 짐을 놓쳐서 좌석에 앉아 있는 승객 위로 떨어뜨리게 되어 승객을 놀라게 한 상황이다.

Tip

- 즉시 다친 곳이 없는지 먼저 살피고 정중히 사과를 한다.
- 다쳤다면 바로 응급처치를 하고 상태를 확인하여 비행가능 여부를 확인한다.
- 다른 승무원들과 상황을 공유하여 재발방지와 다른 서비스에 불만이 생기지 않도록 지속적으로 관심을 보인다.

A

Case 1-9 비상구 주변에 짐을 보관한 경우

Q 비상구 옆에 큰 짐이 있습니다. 선반에 보관해달라고 안내하는데 자신의 좌석 위에 보관할 공간이 없다고 하는 승객, 어떻게 응대하시겠습니까?

Situation

승객의 탑승이 완료되고 기내를 둘러보는데 비상구 옆에 누군가 짐을 둔 것을 발견했다. 비상구 좌석 승객에게 물어보니 자신의 짐이 아니라고 한다. 짐의 주인은 찾았지만 좌석 위 선반에 짐을 넣을 공간이 없어서 비상구 주변에 보관했다고 하는 상황이다.

Tip

- 먼저 비상구 주변은 안전을 위해 반드시 비워 두어야 한다고 안내한다.
- 승객의 좌석 위에 보관할 곳에 없다면 비어 있는 선반을 찾아서 승객이 짐을 보관할 수 있도록 도와준다. 이때 가능하다면 승객이 착석한 좌석보다 앞쪽에 있는 선반을 안내하여 하기 시 짐을 가지고 내리기 쉽도록 한다.

A

Case 1-10 탑승 중 통로를 막고 짐을 선반에 넣고 있는 승객

Q 승객이 통로를 막고 선반에 짐을 넣고 있어 승객들의 탑승이 지연되고 있습니다. 어떻게 응대하시겠습니까?

Situation

탑승 중인데 항공기 앞쪽에 승객들이 들어가지 못하고 기다리고 있다. 무슨 일인가 확인해 보니 한 승객이 여러 개의 짐을 선반에 넣기 위해 통로를 막고 있어 승객들이 탑승하지 못하고 통로에서 기다리고 있는 상황이다.

Tip

- 짐을 넣고 있는 승객에게 탑승고객에게 지장을 줄 수 있다고 정중하게 말씀 드리고 승객을 도와 재빨리 짐을 넣는다.
- 짐이 여러 개라서 계속 탑승에 영향을 주는 상황이라면 일단 좌석 아래 짐을 보관하도록 안내하고 탑승이 어느 정도 진행되면 선반에 짐을 넣는 것을 도와 드린다.

A

Case 1-11 접히지 않는 유모차를 가지고 탑승하는 승객

Q 아이를 동반한 승객이 한 손에는 접히지 않는 유모차를 밀며 탑승하고 있습니다. 어떻게 응대하시겠습니까?

Situation

승객들의 탑승이 진행 중이다. 한 승객이 아이를 데리고 한 손으로는 유모차를 밀며 들어오고 있다. 어쩌나 접히지 않는 유모차는 기내에 반입이 되지 않는데 승객은 유모차를 가지고 가야 한다는 상황이다.

Tip

- 접히지 않는 유모차는 기내 반입이 불가한 이유를 설명한다. (대한항공의 경우 세 변의 합이 115cm를 초과하는 유모차는 탑승수속 시, 탑승구까지 사용가능하며 위탁수하물로 보내야 한다. 일자형으로 완전히 접히는 우산형 휴대용 유모차는 기내 반입이 가능하나 기내에 보관 공간이 부족한 경우 위탁수하물로 처리될 수 있다.)
- 위탁수하물로 보낼 수 있도록 도와드린다.
- 아이를 동반한 승객이므로 지상에서 필요한 물건들이 있으면 챙겨드리고 비행 중에도 지속적으로 신경 쓴다.

A

Case 1-12 이륙 전 아기 요람(Baby Bassinet)을 설치해 달라는 승객

Q 아기를 동반한 승객이 항공기에 탑승하자마자 아기 요람을 설치해 달라고 요청합니다. 어떻게 하시겠습니까?

Situation

승객들의 탑승이 거의 끝나가고 있다. 아기와 함께 탑승한 승객이 아기를 편하게 눕힐 수 있도록 아기 요람을 설치해 달라고 한다. Bulkhead Seat에 좌석배정을 받아 착석했지만 아직 이륙 전이라 설치가 불가한 상황이다.

Tip

- 승객에게 이착륙 시에는 설치가 불가능하다고 설명을 해 드린 후 이륙 후 벨트 사인이 꺼지면 와서 설치해 드릴 것을 약속드린다.
- 아기를 위해 필요한 물품을 챙겨서 가져다 드린다.

A

Case 1-13 서비스가 다 된 신문을 찾는 승객

Q 스포츠 신문을 보고 싶은데 신문카트에 없다며 가져다 달라고 하는 승객, 어떻게 응대하시겠습니까?

Situation

승객의 탑승이 끝나고 열려있는 오버헤드빈(Overhead Bin)을 닫고 있는데 한 승객이 탑승할 때 스포츠 신문이 다 떨어져서 가지고 오지 못했다며 스포츠 신문을 달라고 요청한다. 이미 스포츠 신문은 다 서비스가 된 상황이다.

Tip

- 서비스가 다 되었다고 죄송하다고 사과로 끝내는 것은 곤란하며 다른 신문은 어떤지 대안을 제시해 본다.
- 스포츠 신문을 고집한다면 다른 승객이 본 신문을 다시 서비스해도 되는지 의향을 물어보고 신문을 다 본 승객에게 양해를 구한 후 신문을 정리해서 가져다 드린다.

A

Case 1-14 아기와 함께 벨트를 매고 있는 승객

Q 벨트 체크를 하고 있는데 아기를 안은 승객이 아기와 함께 벨트를 매고 있습니다. 어떻게 하시겠습니까?

Situation

이륙 준비를 위해 승객들의 좌석 벨트 착용 여부를 체크하고 있는데 아기를 데리고 탑승한 승객이 아이를 안고 그 위로 좌석 벨트를 매고 있는 상황이다. 아기와 함께 벨트를 매는 것은 안전한 착용방법이 아니다.

Tip

- 아기와 함께 좌석벨트를 매는 것보다 벨트를 매고 아기를 안아주는 것이 더 안전한 착용법이고 아이도 더 편안하다는 것을 알려 준다.
- 좌석벨트를 매는 것을 직접 도와드리도록 하고 비행 중에도 지속적으로 관심을 가지고 서비스한다.

A

Case 1-15 비상구 좌석에 배정받은 승객

Q 비상구 좌석에 배정받은 승객에게 규정에 대해 알려드려야 하는데 잘 알고 있다며 설명이 필요 없다고 한다. 어떻게 하시겠습니까?

Situation

승객들의 탑승이 끝나고 비상구열 좌석에 앉은 승객에게 비상구 좌석에 대한 규정을 설명하려고 하는데 비상구 좌석에 많이 앉아봐서 잘 알고 있다고 설명을 귀찮아한다. 주변 승객들은 무슨 일인지 관심을 보이고 있는 상황이다.

Tip

- 비상구열 좌석은 비상시 승무원을 도울 수 있는 승객에게 배정하도록 되어 있다.
- 사전좌석배정 시, 카운터 체크인 시에 비상구 좌석에 대한 안내를 받았을 것이다.
- 승객이 귀찮아하더라도 안전에 대한 사항이므로 친절하지만 진지하게 비상시 행동에 대해 설명하고 동의를 구한다.
- 동의를 하지 않는 승객은 다른 좌석으로 바꿔드린다.

A

Case 1-16 등받이가 고장난 좌석에 착석한 승객

Q 이륙 전 승객에게 좌석 등받이를 세워달라고 했는데, 고장이 나서 세워지지 않는다며 승객이 언성을 높입니다. 어떻게 응대하시겠습니까?

Situation

이미 비행기는 도어 클로즈를 한 상황, 이륙 전 승객들의 벨트 체크를 하고 있다. 통로쪽에 앉은 한 승객이 등받이를 젖히고 있어서 등받이를 세워달라고 하는데 화를 낸다. 등받이가 고장이 나서 세워지지 않는데 어떻게 하라는 거냐고 얼굴을 붉히고 있는 상황이다.

Tip

- 무안했을 승객에게 사과를 하고 빈 좌석이 있는지 알아봐 드린다.
- 빈 좌석이 있는 경우라면 주변 승객에게 상황을 설명하고 양해를 구한 뒤 좌석을 옮겨드린다. 짐이 있는 경우 도와드리도록 한다.
- 비행 전 확인을 하지 못한 것에 대해 다시 사과하고 재발방지를 약속한다.
- 고장 난 좌석 바로 뒤에 착석한 승객에게도 불편을 드린 것에 대해 사과하고 양해를 구한다.
- 사무장에게 보고하여 도착 후 수리할 수 있도록 한다.

A

Case 1-17 유아동반 승객

Q 두 명의 아이와 짐을 들고 탑승하는 승객을 어떻게 응대하시겠습니까?

Situation

아이를 업은 채 한 손으로 다른 아이의 손을 잡고 나머지 손에는 짐을 들고 탑승하는 승객이 보인다. 좌석도 앞쪽이 아닌 것 같아 보이는데 혼자서 힘들게 복도를 걸어오고 있는 상황이다.

Tip

- 어린아이를 동반한 승객은 비행 중에도 지속적으로 관심을 기울이고 도움을 줄 수 있어야 한다.
- 좌석까지 짐을 들어드리며 안내하고 짐을 보관하는 것도 도와드린다.
- 아이들을 데리고 탑승하는 승객에게는 비행 중 사용할 물건들을 미리 챙겨드리도록 한다.

A

Case 1-18 짐과 지팡이를 짚고 탑승하는 할머니 승객

Q 한 손에는 짐, 다른 한 손에는 지팡이를 짚고 탑승하는 할머니를 보았습니다. 어떻게 응대하시겠습니까?

Situation

탑승하는 승객들의 좌석을 안내하고 짐 보관을 도와드리고 있는데 한 손에 짐을 들고 다른 한 손으로 지팡이를 짚으며 탑승하는 할머니를 보았다. 멀리서 보기에도 힘들어 보이는 상황이다.

Tip

- 도와드리겠다는 말씀을 드린 후 짐을 대신 들어드리며 좌석까지 안내해 드린다.
- 미리 꺼내 놓을 물건이 있는지 여쭤본 후 꺼내드리고 짐을 선반에 올려 드리고 지팡이는 발아래에 놓아 드린다.
- 항공기 탑승이 처음인 경우라면 좌석 벨트 매는 방법, 좌석 젖히는 방법, 화장실 위치 등을 미리 알려드리는 것도 좋다.

A

Case 1-19 이코노미 클래스 승객이 코트보관을 요청하는 경우

Q 이코노미 클래스 승객이 코트가 구겨지지 않도록 보관을 해달라고 요청합니다. 어떻게 하시겠습니까?

Situation

승객탑승 완료 후 한 이코노미 클래스 승객이 코트를 걸어 놓을 수 있는 장소가 있냐고 물어본다. 구겨지지 않도록 보관하고 싶다며 요청을 하는 상황이다. 일반석에 코트룸이 있는 기종이지만 벌써 다른 짐으로 채워져 있어서 코트를 보관하기에는 무리가 있다.

Tip

- 이코노미 클래스 승객이지만 코트룸에 여유 공간이 있다면 보관해 드리겠다는 자세로 임한다.
- 대부분 이코노미 클래스에 코트룸이 있는 경우 협소하며 승객들의 짐을 보관하는 용도로 주로 이용하고 있다.
- 머리 위 선반에 구겨지지 않게 보관해 드리겠다고 잘 말씀드린다.
- 계속해서 코트룸에 보관해달라고 요청한다면 상위 클래스 코트룸에 여유 공간이 있는지 알아보고, 귀중품 유무를 확인한 후 좌석 번호를 적어 보관하고 착륙 전에 미리 가져다드린다.

A

Case 1-20 이륙 전 휴대전화를 사용하는 승객

Q 이륙준비가 끝난 상황, 한 승객이 휴대전화를 사용하고 있다. 어떻게 하시겠습니까?

Situation

이륙준비를 마치고 승객들을 둘러보고 있는 상황, 한 승객이 휴대전화로 통화를 하고 있다. 통화는 금방 마쳤지만 핸드폰을 비행기 모드로 하거나 전원을 껐는지 알 수 없는 상황이다.

Tip

- 안전에 관한 사항은 진지하고 조금은 단호하게 응대한다.
- 비행 중 전자기기의 사용은 금지하고 있다고 설명하고 전원을 끄거나 비행기 모드로 해 줄 것을 요청한다.
- 이때 주변의 승객들도 주목을 하고 있는 상황이므로 안전에 관해서는 엄격하다는 것을 보여줄 수 있다.

A

Case 1-21 답답해서 좌석벨트를 매지 않겠다는 승객

Q 항공기 좌석도 좁은데 벨트까지 매라고 한다면서 항의하는 승객, 어떻게 응대하시겠습니까?

Situation

이륙 준비를 위해 승객들의 좌석벨트 착용 여부, 등받이와 테이블을 제자리로 했는지 등을 체크하고 있다. 벨트를 매지 않은 승객에게 좌석 벨트를 매달라고 했더니 좌석도 이렇게 좁은데 답답하게 벨트까지 매야 하냐며 짜증을 내는 상황이다.

Tip

- 이착륙 시와 좌석벨트 사인이 켜져 있을 경우에는 안전을 위해 반드시 좌석벨트를 매야 한다고 설명한다.
- 안전에 관한 일이므로 너무 부드러운 표현보다는 단호한 응대가 적합하지만 상황에 따라 적절히 응대한다.
- 이륙 후 좌석벨트 사인이 꺼지면 느슨하게 매거나 풀어도 된다고 말씀드린다.

A

Case 1-22 항공기 정비관계로 출발이 지연된 경우

Q 항공기 출발이 지연되고 있습니다. 승객이 항공기 도착 후 중요한 미팅이 있는데 도착시간이 늦어지면 책임질 수 있느냐고 항의를 합니다. 어떻게 하시겠습니까?

Situation

승객 탑승이 끝났는데 한참이 지나도 항공기가 출발할 기미가 보이지 않는다. 항공기 점검에서 정비가 필요한 부분이 있어 출발이 지연된다고 한다. 한 승객이 제 시간에 출발하지 못하면 중요한 회사 일을 망칠 수도 있다며 화를 내는 상황이다.

Tip

- 승객들에게 정확한 지연 이유를 알려주고 안전한 비행을 위해 불가피한 상황임을 설명하고 사과한다.
- 지연이 되는 경우에는 기내 방송을 통해 정확한 지연 이유와 예상 대기 시간을 알려주는 것이 좋다.
- 승무원이 확인되지 않은 개인적인 의견을 전달하는 것은 곤란하다.
- 도착이 지연된다면 하기 시 먼저 내릴 수 있도록 배려한다.

A

Case 1-23 지상에서 휘발유 냄새가 난다고 불안해하는 승객

Q 항공기에 탑승한 승객이 휘발유 냄새가 나는데 항공기에 이상이 있는 것은 아니냐며 불안해합니다. 어떻게 하시겠습니까?

Situation

승객 탑승이 끝나고 출발하기 전이다. 오늘따라 휘발유 냄새가 조금 강하다고 생각하고 있는데 한 승객이 무슨 냄새냐며 걱정을 하며 물어본다. 자주 맡는 냄새라 걱정하지 않았는데 승객 입장에서는 불안할 수 있겠다는 생각이 든다.

Tip

- 항공기는 출발 직전에 엔진을 가동하기 때문에 시동을 걸 때 휘발유 냄새가 기내에 유입되는 경우가 있다.
- 승객에게 이유를 설명하여 불안함을 덜어 드린다.
- 냄새가 심하거나 다수의 승객들도 냄새가 난다고 한다면 사무장을 통해 기장에게 확인을 하는 것이 좋다.

A

Case 1-24 항공기가 이륙하려는데 화장실을 가겠다고 하는 승객

Q 항공기가 곧 이륙하려고 하는 시점인데 승객이 급하다고 화장실을 가겠다고 합니다. 어떻게 하시겠습니까?

Situation

이륙준비를 마치고 승무원들도 각자 Jump Seat에 앉아 있다. 갑자기 한 승객이 급해서 화장실을 다녀와야겠다고 좌석에서 일어나고 있는 상황이다. 비상구 창문으로 활주로가 보이고 항공기는 곧 이륙을 하려는 시점이다.

Tip

- 이착륙 시에는 안전을 위해 모든 승객과 승무원들은 좌석벨트를 매고 좌석에 착석해야 하며 도중에 이탈해서는 안 된다.
- 이륙을 위해 항공기가 속도를 내고 달리게 되는데 승객이 좌석벨트를 풀고 일어나는 것은 상당히 위험한 일이다.
- 승객에게 안전이 중요하므로 잠깐만 참고 자리로 돌아갈 것을 권고해야 한다.

A

2 항공기 이륙 후 식음료 서비스 상황

Case 2-1 비빔밥을 요구하는 승객

Q 기내식 서비스 도중 승객은 비빔밥을 원하는데 스테이크만 남아 있습니다. 어떻게 하시겠습니까?

Situation

파리에서 인천으로 돌아오는 인바운드 구간, 오늘따라 유난히 한국인 승객이 많다. 대부분 한국인 관광객이라 여행 내내 접하기 어려웠던 한식에 대한 선호도가 높아 비빔밥이 다 서비스가 되었다. 서비스 카트에는 스테이크만 남아있는데 승객이 비빔밥을 요구하는 상황이다.

Tip

- 승객에게 먼저 사과를 하고 원하는 식사를 하지 못해 실망한 승객의 마음을 공감해 드린다.
- 혹시 여분의 비빔밥이나 승무원 식사 중 비빔밥이 있는지 다시 한 번 알아보고 없다면 다른 메뉴를 권한다. 이때 음료나 빵 등을 함께 서비스한다.
- 두 번째 식사 서비스가 있는 경우에는 잊지 않고 먼저 선택을 할 수 있도록 한다.

A

Case 2-2 술을 더 달라고 요구하는 승객

Q 이미 술을 많이 마신 승객이 또 술을 달라고 합니다. 어떻게 응대하시겠습니까?

Situation

식사 서비스 중 레드와인에 맥주까지 마신 승객이 서비스가 끝난 후에는 위스키를 주문하고 있다. 비행기를 타 본 경험이 많은지 아주 능숙하게 한 승무원이 아닌 여러 승무원에게 위스키를 주문하고 있고 이미 취해 있는 상황이다.

Tip

- 일반적으로 기내 음주 시 경고의 기준은 평균 3잔이다. 여러 승무원이 한 명의 승객에게 술을 제공하지 않도록 서로 정보를 공유한다.
- 알코올 음료가 3잔 이상 서비스 된 승객에게 술을 더 제공할 수 없는 이유를 알려주고 다른 음료를 권한다. 계속 제공을 요청할 때는 조금 더 단호한 태도로 규정을 알려준다.
- 기내는 지상보다 낮은 기압을 유지하고 있다. 기압의 저하에 따라 알코올을 분해하기 위한 산소가 충분히 공급되기 어렵기 때문에 알코올의 흡수가 더 빨라진다.

A

Case 2-3 실수로 커피를 승객에게 쏟은 경우

Q 후식으로 커피를 주문한 승객에게 커피를 건네다 쏟아버렸습니다. 뜨겁다고 항의하는 승객, 어떻게 하시겠습니까?

Situation

후식 서비스를 하는 중, 창가 좌석에 앉은 승객에 커피를 주문한다. 트레이에 올려서 커피를 서비스하는데 트레이가 기울어지면서 승객에게 커피가 쏟아진 상황이다. 승객이 놀라 인상을 찡그리며 뜨겁다고 항의를 한다.

Tip

- 뜨거운 음료는 절대 승객에게 직접 건네지 않고 트레이를 사용한다. 이때 트레이가 기울어지지 않도록 해야 하고 다른 승객이 치지 않도록 주의를 기울여야 한다.
- 뜨거운 음료를 쏟았을 경우 빠른 응급 처치가 우선, 얼음을 이용한 냉찜질로 화기가 번지지 않도록 해야 한다.
- 기내에 탑재된 화상연고, 붕대, 반창고 등을 이용하여 처치한 후 상태를 살핀다.

A

Case 2-4 기내식에 이물질이 있다고 항의하는 승객

Q 식사 도중 승객이 기내식에 머리카락이 있다며 위생관리를 어떻게 하느냐고 화를 냅니다. 어떻게 하시겠습니까?

Situation

승객들의 식사가 한창이다. 호출버튼이 울려 가보니 승객이 자신의 식사에서 포크로 머리카락을 집어 올리며 불고기에서 나왔다고 화를 낸다. 도대체 위생관리를 어떻게 하냐며 찝찝해서 더 이상 식사를 하지 못하겠다고 하는 상황이다.

Tip

- 먼저 승객에게 정중하게 사과하고 다른 식사를 하실 수 있도록 최대한 마음을 풀어준 뒤 새로운 식사를 제공한다.
- 사무장에게 보고하여 사무장이 한 번 더 사과를 하도록 하고 지속적으로 관심을 기울인다.
- 관련부서에 보고하여 이런 일이 다시 발생하지 않도록 조치를 취하겠다고 말씀드린다.

A

Case 2-5 기내식 양이 부족하다고 하나 더 달라는 승객

Q 식사 서비스가 진행되고 있는데 승객이 기내식 양이 너무 적다고 하나 더 줄 수 있냐고 물어봅니다. 어떻게 하시겠습니까?

Situation

식사 서비스 중, 이미 앞좌석의 승객들은 식사가 끝나가는 중이다. 앞쪽에 있는 한 승객이 기내식 양이 너무 적어 배가 차지 않는다며 하나 더 줄 수 있냐고 물어본다. 아직 서비스는 진행 중인 상황이다.

Tip

- 갤리 담당 승무원에게 식사 수량을 확인해 보고 여분이 있는 경우에는 가급적 서비스할 수 있도록 한다. 이때 다른 승무원들과도 공유하여 식사가 부족하지 않도록 한다.
- 여분의 식사가 없는 경우 대체할 음식을 찾아보고 권유한다. 노선에 따라 간식을 활용하도록 한다.

A

Case 2-6 기내식이 맛이 없다고 항의하는 승객

Q 비빔밥을 반이나 먹은 승객이 맛이 없다고 다른 메뉴로 바꿔달라고 합니다. 어떻게 하시겠습니까?

Situation

한창 식사 서비스가 진행 중인데 앞쪽의 승객이 콜버튼을 누른다. 무슨 일인지 가보니 비빔밥을 먹고 있던 승객이 비빔밥이 너무 맛이 없고 입에 맞지 않는다고 항의를 한다. 이미 비빔밥은 반이나 먹은 상황이다.

Tip

- 비빔밥이 맛이 없다는 승객에게 식사가 입에 맞지 않은 것에 대한 안타까운 마음을 전하며 사과한다.
- 다른 식사를 제공해 드려도 되는지 여쭤보고 원한다면 먹고 있던 식사를 치워 드리고 다른 메뉴로 바꿔 드린 후 나중에 식사가 입에 맞는지 관심을 보인다.
- 끝까지 다른 식사를 거부하는 상황에는 달콤한 디저트, 과일, 커피 등을 제공해 드리며 지속적으로 신경 쓰도록 한다.

A

Case 2-7 기내식 메뉴가 늘 똑같다고 불평하는 승객

Q 여러 번 같은 노선을 이용했는데 기내식 메뉴가 같아 지겹다고 불평을 합니다. 어떻게 하시겠습니까?

Situation

홍콩으로 가는 국제선에서 식사 서비스를 하던 중 한 승객이 메뉴가 또 비빔밥이랑 치킨이냐며 왜 항상 메뉴가 같은지 불평을 한다. 출장을 자주 다니는 승객이 기내식 메뉴가 다양하지 않다고 항의하고 있는 상황이다.

Tip

- 항공사의 기내식 메뉴는 1년에 분기별로 네 번 교체하는데, 단기간 같은 노선을 자주 탑승한 승객은 기내식에 대한 불만을 가질 수 있다.
- 먼저 자주 탑승한 것에 대해 감사를 전하고 승객이 같은 메뉴에 대해 불만을 가지는 마음을 공감해 드린다.
- 당장 다른 메뉴를 제공하기는 힘든 상황이므로 식사를 맛있게 드실 수 있도록 고추장, 소스 등을 적극 권한다.

A

Case 2-8 기내식을 받지 못했다고 항의하는 승객

Q 식사 서비스 도중 식사 서비스를 빠뜨린 승객이 있습니다. 어떻게 하시겠습니까?

Situation

두 명의 승무원이 하나의 밀카트를 이용해서 식사 서비스를 하고 있다. 앞쪽에서 서비스를 하고 있는 주니어 승무원이 서비스 속도가 조금 느리다 보니 항상 끌려가는 느낌이다. 분명히 빠짐없이 서비스를 했다고 생각했는데 승무원 호출 버튼이 울려 가 보니 한 승객이 식사를 받지 못했다고 하는 상황이다.

Tip

- 승객에게 정중하게 사과를 하고 원하는 식사를 최대한 빨리 제공한다.
- 기본 식사와 함께 여유분이 있을 경우 다른 기내식은 어떤지 승객의 의향을 여쭤보고 원한다면 다른 기내식 서비스도 함께 제공하며 적극적인 서비스를 한다.
- 식사가 끝난 후에도 관심을 보이며 신경을 써서 다른 불만이 생기지 않도록 한다.

A

Case 2-9 서비스되지 않는 음료를 원하는 승객

Q 기내에서 캔커피는 서비스되지 않는데 승객이 캔커피를 달라고 합니다. 어떻게 응대하시겠습니까?

Situation

음료 서비스 중, 창가 좌석에 착석한 승객이 시원한 캔커피를 달라고 한다. 기내에 캔커피는 탑재되지 않는데 다른 노선에서 마신 적이 있다며 승객이 요구하는 상황이다.

Tip

- 캔커피가 탑재되지 않는다는 것을 알려드리고 승객의 마음을 공감해 준다.
- 서비스되지 않지만 적극적으로 대체할 음료를 서비스할 수 있도록 노력한다.

A

Case 2-10 잘 모르는 칵테일을 요청하는 승객

Q 승객이 모르는 칵테일을 주문합니다. 어떻게 응대하시겠습니까?

Situation

음료 서비스 중인데 한 승객이 칵테일 음료인 피나 콜라다를 주문한다. 마셔 본 적은 있지만 만들어 본 적은 없는 칵테일이다. 만드는 방법을 알지 못하는데 승객이 음료를 요청하는 상황이다.

Tip

- 모르는 칵테일이라면 솔직하게 모른다고 양해를 구한다. 혹시 만드는 방법을 아는지 여쭤보고 승객이 안다면 알려달라고 한 뒤 재료가 있다면 정성껏 만들어 서비스한다.
- 기내에 없는 재료라면 양해를 구하고 다른 칵테일이나 음료를 권한다.

A

Case 2-11 여러 번 요청했는데 음료 서비스가 되지 않은 경우

Q 물을 달라고 승무원에게 요청했는데 대답만 하고 가져다주지 않는다고 컴플레인 합니다. 어떻게 하시겠습니까?

Situation

기내가 건조해서 계속 갈증이 나는 승객, 때마침 지나가는 승무원에게 물 한잔 달라고 얘기했다. 알겠다고 하고는 승무원은 지나갔고 아무리 기다려도 물을 서비스 받지 못해 콜버튼을 눌러 다른 승무원에게 부탁했지만 또 기다리고 있는 상황이다.

Tip

- 항상 메모할 준비를 해서 비행 중 이런 상황이 생기지 않도록 한다.
- 승객에게 변명을 하기보다 정중하게 사과를 하고 같은 실수를 반복하지 않는다.
- 불편을 겪은 승객을 기억해 두었다가 먼저 다가가는 서비스를 하는 것도 좋다.

A

Case 2-12 따지 않은 맥주를 더 달라는 승객

Q 승객이 맥주 캔을 따지 말고 달라고 하더니 가방에 넣습니다. 어떻게 하시겠습니까?

Situation

식사 서비스 중인데 한 승객이 맥주를 주문한다. 맥주 캔을 오픈해서 컵과 함께 서비스 했다. 그런데 맥주를 따지 말고 하나 더 달라고 해서 드렸는데 마시지 않고 가방에 넣고 있다.

Tip

- 맥주 등의 음료는 오픈해서 서비스하도록 한다.
- 기내에서 서비스하는 음료, 음식은 반출이 금지되어 있다고 정중하게 말씀드린다.
- 오픈하지 않은 맥주는 지금 드시겠냐고 여쭤보고 나중에 드신다면 시원한 맥주로 바꿔드리겠다고 말씀 드린다.

A

Case 2-13 생수 또는 와인을 병째로 달라고 요구하는 승객

Q 승객이 일행들과 함께 마시고 싶다고 와인과 생수를 병째로 달라고 합니다. 어떻게 하시겠습니까?

Situation

동남아로 가는 중거리 노선, 오늘따라 단체 여행객들이 많이 탑승을 했다. 식사 서비스가 시작되었고 와인을 서비스하고 있는데 단체 탑승객 중 한 고객이 일행들과 나눠 마시게 와인과 생수를 병째로 달라고 하는 상황이다.

Tip

- 일인용으로 탑재되는 생수, 와인을 제외하고 기내에서 생수나 와인을 병째로 서비스하지 않는다.
- 승객에게 필요한 경우 언제든지 잔으로 서비스해 드리겠다고 한다.
- 계속 서비스를 요구하는 경우 Senior승무원과 상의해서 생수는 병째로 서비스하되 와인의 경우에는 취할 수 있기 때문에 잔으로 적당량만 서비스하도록 한다.

A

Case 2-14 기내식이 식었다고 불평하는 승객

Q 기내식 서비스 상황에서 식사가 식었다고 불평하는 승객을 어떻게 응대하시겠습니까?

Situation

드디어 식사 서비스 시작, 앞에서부터 서비스를 시작해 나갔다. 원활하게 식사 서비스가 진행되고 있고 뒤쪽 승객에게 서비스를 하던 중 한 승객이 한참 기다린 것도 짜증나는데 식사가 다 식었다며 바꿔달라고 불평을 하는 상황이다.

Tip

- 식음료 서비스의 기본은 뜨거운 것은 뜨겁게, 차가운 것은 차갑게 서비스하는 것이 기본이다.
- 식사 서비스 전 앙뜨레의 온도가 뜨거운지를 체크한다.
- 식사가 식었을 경우에는 먼저 사과를 하고 빨리 데워 드리겠다고 한다.
- 식사를 데우는 동안 승객을 가만히 기다리게 하면 더 큰 불만을 야기할 수 있으므로 식사를 기다리는 동안 빵, 음료 등을 먼저 제공하여 드시면서 기다릴 수 있도록 한다.
- 데워서 가져다 드리는 것으로만 끝내지 말고 식사는 입에 맞는지, 다른 불편함은 없는지 계속 신경 쓴다.

A ______________________________

Case 2-15 식사를 나중에 하겠다고 하는 승객

Q 중거리 노선에서 식사 서비스가 시작되었는데 승객이 나중에 식사를 하겠다고 말하고 잠을 청합니다. 어떻게 하시겠습니까?

Situation

동남아 노선의 식사 서비스, 한 번의 식사가 제공되는 노선이다. 한창 서비스 중에 한 승객이 지금은 너무 졸려 조금 있다가 식사를 하겠다고 한다. 아직 도착까지는 시간적 여유가 있는 상황이다.

Tip

- 승객의 식사를 다른 승무원들과 공유하여 따로 표시하여 잘 보관해둔다.
- 도착까지 식사 가능한 시간을 알려주고 그 시간 내에 승객이 원하는 시점에 데워서 서비스하도록 한다.
- 비행시간이 짧은 노선의 경우에는 나중에 서비스가 어렵다고 미리 알려드린다.

A

Case 2-16 식사 서비스 중인데 주무시는 승객

Q 식사 서비스 중인데 주무시는 승객을 깨워야 할까요? 어떻게 하시겠습니까?

Situation

LA까지 가는 장거리 노선에서 첫 번째 기내식 서비스가 시작되었다. 식사를 하느라 승객들도 승무원도 분주한 가운데 47B에 착석한 승객은 시끄러운 주변 상황에도 계속 주무신다. "식사 하시겠습니까?"라고 해보지만 꿈쩍도 하지 않고 옆에는 일행도 없는 상황이다.

Tip

- 강제로 깨우는 것은 곤란하며 취침 중이셔서 식사 서비스를 제공하지 못했다는 스티커를 좌석 앞에 붙여둔다.
- 승객의 식사를 따로 보관해 두고 다른 승무원들도 알 수 있게 표시해 둔다.
- 승객이 깬 뒤 식사를 원한다면 데워서 제공한다.

A

Case 2-17 비빔밥을 생소해 하는 외국인 승객

Q 외국인 승객이 비빔밥을 선택했는데 먹는 방법을 제대로 이해하지 못한 것 같습니다. 어떻게 하시겠습니까?

Situation

이코노미 클래스의 식사 서비스 상황이다. 한 외국인 승객이 옆 좌석 승객의 비빔밥을 보더니 자신도 비빔밥을 선택한다. 호기심에 선택은 했는데 난감해하는 승객, 승무원을 보고 도움을 요청하고 있는 상황이다.

Tip

- 외국인 승객들을 위해 탑재되는 비빔밥 먹는 요령이 적힌 설명서를 보여준다.
- 이해를 잘 하지 못하는 승객들은 트레이를 직접 보여주며 설명을 해 준다.
- 고추장이 맵다는 것도 알려주는 것이 좋다.

A

Case 2-18 고추장 10개만 싸 달라고 부탁하는 승객

Q 승객이 고추장이 너무 맛있다고 좀 싸 줄 수 없냐고 물어 봅니다. 어떻게 응대하시겠습니까?

Situation

첫 해외여행, 설레기도 하지만 무엇보다 현지 음식이 입에 맞지 않아 고생할까 봐 걱정이 많다. 그래서 출발 전에 고추장을 챙겨야지 했는데 깜빡하고 챙겨오지를 못했다. 기내 식사 서비스 시간, 비빔밥을 선택했는데 고추장이 너무 맛있어서 가져가고 싶은 마음에 승무원에게 고추장을 좀 싸달라고 하는 상황이다.

Tip

- 기내에서 제공되는 음식의 반출은 불가능하지만 상황에 맞게 응대한다.
- 비빔밥 서비스 시 고추장을 일인당 한 개만 제공하는 것은 너무하다는 느낌을 줄 수 있으므로 조금 여유 있게 제공해 드린다.
- 항공사에 따라 면세품으로 판매를 하는 경우 승객에게 구매가 가능하다고 안내해 드리도록 한다.

A

Case 2-19 아이가 먹을 다른 기내식을 요청하는 승객

Q 기내식 메뉴가 비빔밥과 해산물인데 아이가 둘 다 싫어한다며 다른 기내식은 없는지 물어봅니다. 어떻게 하시겠습니까?

Situation

식사 서비스 도중 초등학생으로 보이는 승객, 오늘 준비된 식사가 비빔밥과 해산물이라고 얘기를 하는데 선택을 못하고 주저한다. 옆에 있던 보호자가 아이가 둘 다 싫어하는 음식이라며 혹시 다른 식사가 있는지 물어보는 상황이다.

Tip

- 원하는 식사를 할 수 없는 마음에 공감을 해 주며 식사로 대체할 수 있는 것을 적극적으로 알아보고 추천한다.
- 어린이를 위한 스페셜 메뉴가 있다는 것을 알려주며 다음 비행 때는 이용해 볼 수 있도록 정보를 알려준다.

A

Case 2-20 이코노미 클래스 승객이 상위 클래스 기내식을 요구하는 경우

Q 이코노미 클래스 승객이 식사 메뉴가 모두 입에 맞지 않는다며 상위 클래스 식사를 서비스해 달라고 합니다. 어떻게 하시겠습니까?

Situation

오늘 이코노미 클래스 식사는 닭고기 요리와 생선 요리이다. 승객이 닭고기 요리를 선택했는데 맛이 없다고 생선 요리로 바꿔달라고 했다. 하지만 생선 요리도 입에 맞지 않는다며 비즈니스 클래스나 퍼스트 클래스에 식사가 여유가 있지 않느냐고 물어본다. 둘 다 입에 맞지 않으니 상위 클래스 식사를 서비스해 달라고 하는 상황이다.

Tip

- 승객이 이코노미 클래스의 특정 음식에 알러지가 있어서 먹지 못하거나 스페셜 밀을 신청했는데 실리지 않은 것이 아니라면 상위 클래스 식사를 제공하는 것은 곤란하다.
- 규정상 안 된다고 바로 거절해서 승객을 무안하게 하기보다는 상위 클래스 승무원과 상의하여 여유분이 없다고 돌려 말하는 것도 방법이다.
- 식사가 모두 입에 맞지 않는다면 이코노미 클래스에서 식사를 대체할 만한 음식을 찾아보고 제공한다.

A

Case 2-21 스페셜 밀(Special Meal)이 실리지 않은 경우

Q 채식을 하는 승객입니다. 베지테리안 밀(Vegetarian Meal)을 신청했는데 탑재되지 않았습니다. 어떻게 하시겠습니까?

Situation

스페셜 밀(Special Meal) 서비스를 먼저 하고 나서 이코노미 클래스 식사 서비스가 시작되었다. 42C에 탑승한 승객, 자신은 베지테리안 밀(Vegetarian Meal)을 신청했다고 한다. 갤리에 확인해 보니 스페셜 밀이 탑재가 되지 않은 상황이다.

Tip

- 갤리에 탑재가 되지 않았다면 승무원 개인이 해결하기 힘든 상황이다.
- 사무장에게 알리고 상위 클래스에 있는 식사, 샐러드 등으로 적극적으로 승객의 식사를 준비할 수 있도록 한다.
- 탑재 시 누락이 되었고 이를 승무원이 체크하지 못한 명백한 실수이므로 승객에게 정중하게 사과를 한다.
- 다른 불만이 생기지 않도록 비행 중 계속 신경을 쓴다.

A

Case 2-22 비행도중 베지테리안 밀(Vegetarian Meal)을 신청하겠다는 승객

Q 기내식 서비스 도중 베지테리안 밀(Vegetarian Meal)을 신청하겠다는 승객, 어떻게 응대하시겠습니까?

Situation

이코노미 클래스의 기내식 서비스가 시작되었다. 매뉴얼에 따라 일반식보다 스페셜 밀(Special Meal)을 먼저 서비스 했다. 오늘은 베지테리안 밀(Vegetarian Meal), 키즈 밀(Kids Meal) 신청이 많아서 해당 좌석에 먼저 스페셜 밀 서비스를 했다. 한 승객이 옆 좌석의 승객이 베지테리안 밀(Vegetarian Meal)을 먹는 것을 보고 자신도 채식주의자라며 지금 식사를 신청할 수 있냐고 물어보는 상황이다.

Tip

- 항공사마다 차이는 있지만 스페셜 밀(Special Meal)은 주로 출발 24시간 전에 주문을 해야 탑재가 가능하다고 설명을 드린다.
- 이코노미 클래스의 기내식이 채식주의자가 먹을 수 없는 메뉴라면 상위클래스에서 채소, 과일 등을 준비해 식사를 하실 수 있도록 도와드린다.
- 다음 비행에는 출발 24시간 전에 미리 신청해서 드실 수 있도록 다시 한 번 안내한다.

A

Case 2-23 셀레스티얼바(Celestial Bar)에 가보고 싶다는 이코노미 승객

Q 승객들이 쉬고 있는 시간인데 이코노미 클래스 승객이 비즈니스 클래스에 있는 셀레스티얼바에 가보면 안 되냐고 물어봅니다. 어떻게 하시겠습니까?

Situation

서비스가 끝나고 승객들도 쉬고 있는 시간, 이코노미 클래스의 한 승객이 갤리로 오더니 2층 비즈니스 클래스에 바(Bar)가 있다고 하던데 한 번 가보면 안 되냐고 물어보는 상황이다.

※ 대한항공의 셀레스티얼바(Celestial Bar): A380기종의 2층 프레스티지 클래스의 뒤쪽에 있는 Bar

Tip

- 안 된다고 한 번에 거절하기보다는 비즈니스 클래스 승객들이 쉬고 있는 시간이라 곤란하다고 정중하게 말씀드린다.
- 필요한 음료나 간식이 있는지 물어보고 있다면 준비해서 가져다 드린다.

A

Case 2-24 국내선에서 맥주를 찾는 승객

Q 국내선 비행인데 승객이 맥주를 달라고 합니다. 어떻게 하시겠습니까?

Situation

국내선 노선 음료 서비스 중이다. 국제선 연결편을 탑승한 승객 한 분이 시원한 맥주 서비스를 요청한다. 지금은 국내선인데 착각을 하신건지 아까 비행기 타고 올 때 맥주를 마셨다며 맥주를 찾는 상황이다.

Tip

- 저희 항공사를 자주 이용해 주셔서 감사하다는 인사를 한다.
- 국내선에는 알코올음료가 서비스되지 않는다고 설명 드리고 다른 음료를 권해 드린다.

A

Case 2-25 과음을 했다며 해장할 수 있는 음식을 요구하는 승객

Q 이코노미 클래스 승객이 전날 과음을 해서 속이 쓰리다며 해장할 수 있는 음식을 요구합니다. 어떻게 하시겠습니까?

Situation

식사 서비스 시 나중에 식사를 하겠다던 승객이 전날 과음을 해서 속이 너무 쓰리다고 해장을 할 수 있는 음식이 있냐고 물어본다. 지금 제공 가능한 기내식은 비빔밥과 스테이크인데, 기내에는 해장용 음식이 따로 탑재가 되지 않는다.

Tip

- 기내에 해장용으로 따로 음식이 탑재되지 않는다고 양해를 구한다.
- 노선에 따라 라면이 실리는 경우 의향을 물어본다.
- 라면이 탑재되지 않는 노선이거나 라면이 싫다면 음료 서비스로 대체한다. 평소 숙취가 있는 경우 시원한 음료, 따뜻한 차 중에서 어떤 음료를 선호하는지 물어본 뒤 승객이 원하는 음료를 제공한다.

A

Case 2-26 커피 잔에 립스틱이 묻어 있다고 항의하는 승객

Q 비즈니스 클래스 승객이 커피 잔에 립스틱이 묻어 있다고 항의합니다. 어떻게 하시겠습니까?

Situation

비즈니스 클래스 기내식 서비스 중이다. 디저트로 커피, 차 서비스를 하고 있는데 한 승객이 승무원을 호출하여 자신의 커피 잔을 가리킨다. 아직 커피를 따르지 않은 새 커피 잔인데 립스틱이 묻어 있다. 승객은 불쾌한 표정을 지으며 항의하고 있는 상황이다.

Tip

- 먼저 불쾌한 승객에게 정중하게 사과를 한 뒤 커피 잔을 바꿔 드린다.
- 앞으로는 더욱 청결에 신경 쓰겠다고 말씀 드린다.
- 식사 서비스 시 깨진 그릇이 있는지 커피 잔이나 유리잔에 이물질이 묻어 있는지를 꼼꼼하게 체크하며 서비스하는 것이 바람직하다.

A

Case 2-27 비빔밥 그릇이 깨졌다고 항의하는 승객

Q 비즈니스 클래스 승객이 비빔밥 그릇이 깨져있다고 항의합니다. 어떻게 하시겠습니까?

Situation

비즈니스 클래스 기내식 서비스 중이다. 메인 디쉬 서비스를 하고 있는데 한 승객이 호출버튼을 누른다. 비빔밥을 선택한 승객, 자신의 그릇을 가리키는데 그릇에 금이 가 있다. 승객이 불쾌하고 어이없는 표정을 지으며 항의하고 있는 상황이다.

Tip

- 먼저 승객에게 정중하게 사과를 한 뒤 비빔밥을 다시 서비스한다.
- 앞으로는 더욱 신경 쓰겠다고 말씀 드리며 양해를 구한다.
- 식사 서비스 시 깨진 그릇이 있는지 이물질이 묻어 있는지를 꼼꼼하게 체크 하며 서비스를 하도록 한다.

A

3 비행 중 일반 서비스 상황

Case 3-1 기념으로 담요 하나만 달라고 하는 승객

Q "아이가 담요를 너무 마음에 들어 하네요. 기념으로 담요 하나만 주면 안 될까요?"라고 승객이 부탁을 합니다. 어떻게 하시겠습니까?

Situation

아이가 담요의 촉감이 너무 좋다고 마음에 들어 하며 집에 가져가고 싶다고 떼를 쓴다. 평소에 담요를 가지고 있는 사람들을 본 적이 있고 하나쯤 가지고 있어도 좋겠다는 생각을 하고 승무원에게 담요를 하나 줄 수 있냐고 부탁해 본다. 아이도 승무원의 대답을 기다리고 있는 상황이다.

Tip

- 기내 탑재 물품은 대부분 면세품으로 외부 반출이 되지 않는다.
- 가지고 가고 싶은 마음을 충분히 공감해 주며 비행 중 충분히 서비스를 제공하고 다른 기념품을 제공하는 것도 좋은 방법이다.
- 항공사에 따라 구매가 가능한 경우 방법을 안내해 드리도록 한다.

A

Case 3-2 승무원이 꿈이라며 머리핀을 달라는 어린이 승객

Q 여자 어린이가 승무원이 꿈이라며 기념으로 머리핀이나 소품을 줄 수 없냐고 합니다. 어떻게 하시겠습니까?

Situation

식사 서비스 후 승객 케어를 하고 있는데 초등학생으로 보이는 여학생이 자신의 꿈이 승무원이라고 하며 관심을 보인다. 머리핀이 너무 예쁘다고 여유분이 있으면 기념으로 하나 줄 수 없냐고 한다. 너무 간절하게 쳐다보며 대답을 기다리는 상황이다.

Tip

- 승무원 지급품이기 때문에 기념으로 주는 것은 곤란하다고 설명해 준다.
- 꿈을 격려해 주며 가지고 가고 싶은 마음을 충분히 공감해 준다.
- 서운하지 않도록 다른 기념품을 제공하며 비행 중 충분히 서비스를 제공하는 것도 좋은 방법이다.

A

Case 3-3 귀가 아프다고 하는 승객

Q 비행기가 이륙 후 승객이 귀에 통증을 호소합니다. 어떻게 하시겠습니까?

Situation

비행기가 이륙 후 승객이 콜버튼을 호출한다. 가 보니 이륙하면서부터 계속 귀가 먹먹하고 아픈 것 같다고 한다. 처음 비행기에 탑승한 승객이라 무슨 문제가 있는 것이 아닌가 걱정을 하고 불안해 하고 있는 상황이다.

Tip

- 항공기 이착륙 시에는 기압차로 인해 이관이 정상적으로 작동하지 못해 귀에 통증을 유발하기도 한다.
- 승객에게 하품을 하거나 침 삼키기, 물 마시기 등을 하게 하여 통증을 완화시킬 수 있다.
- 어린아이의 경우 이착륙 시 우유, 물을 마시게 하거나 아기의 경우에는 인공젖꼭지 등을 물리는 것이 좋다.

A

Case 3-4 코를 골며 자고 있는 승객 때문에 불편을 호소하는 승객

Q 승객이 옆 좌석 다른 승객의 코 고는 소리 때문에 잠을 잘 수가 없다고 승무원을 불러 컴플레인을 합니다. 어떻게 하겠습니까?

Situation

유럽으로 가는 장거리 비행, 첫 번째 식사 서비스가 끝나고 쉬려고 하는데 어디선가 들리는 코 고는 소리, 통로 건너편 좌석의 승객의 코 고는 소리 때문에 쉽게 잠을 청하기가 힘들다. 음악을 들으려고, 영화를 보려고 해도 집중이 되지 않는다. 지나가는 승무원에게 코 고는 소리가 시끄럽다고 항의를 하고 있는 상황이다.

Tip

- 먼저 기내에 귀마개가 있다면 제공해서 승객의 불편을 해소하려고 노력한다.
- 불편 요소를 제공하는 승객을 흔들어 깨우는 것과 같은 직접적인 행동이나 표현은 자제하는 것이 좋다.
- 코를 고는 승객의 자세가 불편할 경우 코골이가 더 심해질 수 있으므로 컴플레인이 계속된다면 승객이 옆으로 기댈 수 있도록 베개나 담요를 추가로 제공하여 더 안정된 자세로 쉴 수 있도록 도와준다.

A

Case 3-5 기내가 춥다고 컴플레인 하는 승객

Q 한 승객이 기내가 춥다고 온도를 높여 달라고 합니다. 어떻게 하시겠습니까?

Situation

동남아 여행이라 옷을 얇게 착용한 승객, 긴 옷은 챙겨오지 못했는데 기내가 춥다고 한다. 아직까지 다른 승객들은 불편함을 느끼지 못하는 상황이다.

Tip

- 먼저 승객에게 따뜻한 차나 담요를 등을 제공하여 따뜻함을 느낄 수 있도록 한다.
- 기내 적정온도를 체크해 보고 다른 승객들도 춥다고 항의를 한다면 사무장에게 보고하여 기내온도를 조정하도록 한다.
- 차, 음료를 제공한 후에도 지속적으로 온도가 적당한지, 몸 상태가 괜찮은지 관심을 보이도록 한다.

A

Case 3-6 춥다고 담요를 요구하는 승객, 여분의 담요가 없는 경우

Q 한 승객이 춥다고 담요를 하나 더 달라고 합니다. 여유분이 없는 상황인데 어떻게 응대하시겠습니까?

Situation

국제선에는 좌석마다 기본적으로 한 개의 담요가 승객 좌석에 비치되어 있다. 만석이라 빈 좌석이 없으며 오늘따라 담요를 더 요구하시는 고객이 있어서 여분의 담요도 모두 소진된 상태이다. 한 승객이 담요가 너무 얇다고 컴플레인 하면서 자신이 컨디션이 좋지 않은지 기내가 춥다며 담요를 하나 더 달라고 하는 상황이다.

Tip

- 처음부터 거절하기보다 여분의 담요를 찾아보겠다고 말씀드린다.
- 다시 찾아본 뒤 여분이 없다면 담요가 다 서비스되었다고 사과를 드린 후 기내 온도를 체크해 보겠다고 한다.
- 기내 온도가 적정 온도로 유지되고 있다면 따뜻한 차나 물, 따뜻한 물수건 등을 챙겨드린다.
- 비행 중 계속해서 승객의 상태를 살피고 더 필요한 것이 있는지 신경 쓴다.

A

Case 3-7 발냄새가 난다고 컴플레인 하는 승객

Q 옆좌석 주변에서 발냄새가 난다고 승무원을 불러 항의를 하는 승객, 어떻게 하시겠습니까?

Situation

탑승하고 얼마 지나지 않아서부터 좌석 주변에서 자꾸 이상한 냄새가 나는 걸 느낀 승객, 신발을 벗고 있는 옆 좌석 승객에게서 발냄새가 나는 것 같아 승무원을 불러 컴플레인을 하는 상황이다.

Tip

- 두 승객 모두가 불만을 가지지 않도록 현명하게 대처할 필요가 있다.
- 발냄새가 나는 승객에게 직접적인 표현은 삼가도록 한다.
- 냄새로 인한 불만이기 때문에 냄새를 약화시킬 수 있는 해결방법이 필요하다.
- 기내 탈취제를 뿌리거나 발냄새가 나는 승객이 민망하지 않도록 티나지 않게 커피필터나 방향제를 좌석 아래 가져다 둔다.
- 빈 좌석이 있는 경우라면 떨어진 좌석으로 옮겨드리는 것도 방법이다.
- 발이 불편해서 신발을 벗고 있을 수 있으므로 기내 슬리퍼가 있다면 제공해 드린다.

A

Case 3-8 아이가 너무 시끄럽다고 컴플레인 하는 승객

Q 기내에서 어린아이가 너무 시끄럽게 한다고 항의하는 승객, 어떻게 하시겠습니까?

Situation

식사를 하고 좀 쉬려고 하는데 어린아이가 복도를 뛰어다니며 시끄럽게 떠든다. 제지하는 사람도 없고 저러다가 다칠까봐 걱정도 된다. 승무원을 불러 어린아이가 시끄러워서 쉴 수가 없다고 컴플레인을 하는 상황이다.

Tip

- 컴플레인을 하는 승객의 불편함을 공감하고 사과한다.
- 어린아이의 보호자에게 비행기가 갑자기 흔들려서 아이가 다치게 될 수도 있다고 얘기하고 아이가 좌석에 착석할 수 있도록 한다.
- 아이들이 흥미를 가질 수 있도록 기념품이나 음료, 간식을 제공하여 지루해하지 않도록 신경을 쓴다.

A

Case 3-9 뒤에서 아이가 등받이를 찬다고 컴플레인 하는 승객

Q 뒷좌석에 앉은 아이가 자꾸 좌석을 발로 차서 불편하다고 항의하는 승객, 어떻게 하시겠습니까?

Situation

식사 서비스도 끝나고 영화를 보려고 검색하고 있는데 뒤에서 등받이를 자꾸 찬다. 뒤를 돌아 봤더니 어린아이가 앉아 있다. 아이를 혼내기도 그렇고 승무원을 불러 불편하다고 얘기하고 있는 상황이다.

Tip

- 직접적으로 아이에게 주의를 주기보다 보호자에게 상황을 설명하고 아이가 주의를 할 수 있도록 부탁을 하는 것이 바람직하다.
- 아이가 비행이 지루해서 그런지 관심을 표현하며 아이들을 위한 기념품이 있다면 제공하는 것도 좋다.
- 불편을 겪은 승객에게도 지속적으로 관심을 보이며 다른 불편한 점이 있는지 체크하여 더 큰 불만이 생기는 것을 방지한다.

A

Case 3-10 기내에 나방이 날아다닌다고 항의하는 승객

Q 기내에 나방이 날아다닌다고 놀란 승객이 컴플레인을 합니다. 어떻게 하시겠습니까?

Situation

동남아 비행이 끝나고 한국으로 돌아오는 비행기 안, 갑자기 승객이 벌레라고 소리를 지르며 승무원을 찾는다. 승객이 탑승할 때 같이 들어왔는지 기내에 나방이 날아다니는 게 보인다. 놀라서 컴플레인 하는 승객을 진정시키고 해결해야 하는 상황이다.

Tip

- 동남아처럼 습하고 더운 지역에서 출발하는 비행기의 경우 기내에 나방, 파리, 모기, 벌레 등이 손님과 같이 탑승하는 경우가 있을 수 있다.
- 손님이 무서워하는 경우 승무원이 함께 호들갑을 떨거나 무서워하는 모습을 보여서는 안 된다.
- 항공사에 따라 벌레를 퇴치할 수 있는 용품이 탑재되기도 하므로 용품이 있는 경우, 이를 이용해서 벌레를 잡는다. 없는 경우에는 휴지, 비닐장갑을 이용해 벌레를 퇴치한다.

A

Case 3-11 연예인에게 사인을 받아달라는 승객

Q 이코노미 탑승 승객이 비즈니스 클래스에 있는 연예인에게 사인을 받아달라고 합니다. 어떻게 하시겠습니까?

Situation

탑승할 때 보니 비즈니스 클래스에 내가 좋아하는 연예인이 앉아 있는 것을 봤다. 같은 비즈니스 클래스도 아니고 나의 좌석은 이코노미 클래스, 직접 가서 사인을 받고 싶지만 클래스 간 이동은 안 된다고 한다. 그래서 승무원에게 사인을 좀 받아달라고 부탁한 상황이다.

Tip

- 부탁을 한 승객이 무안해하지 않도록 사인을 받고 싶은 마음을 공감해 드린다.
- 일단 좌석에 가서 상황을 보고 오겠다고 부탁을 들어 주려는 노력을 보인다.
- 대부분의 연예인 승객은 휴식을 취하는 경우가 많으므로 쉬고 있는 승객을 방해하는 것은 곤란하다.
- 승객에게 안타깝지만 연예인 승객이 휴식을 취하고 있어 사인을 받는 것이 힘들겠다고 얘기한다.

A

Case 3-12 아기 분유를 타달라고 하는 승객

Q 손님이 아기의 분유를 좀 타달라고 부탁을 합니다. 어떻게 하시겠습니까?

Situation

콜 버튼이 울려서 가보니 한 승객이 젖병과 분유통을 내밀며 분유를 좀 타달라고 한다. 아기는 계속 울고 보채고 있고 아직 미혼인 승무원은 한 번도 분유를 타 본 경험이 없는 상황이다.

Tip

- 경험이 없는 경우 부탁을 한 승객에게 정확한 방법을 물어보고 분유를 타도록 한다.
- 분유를 타달라는 경우도 있지만 보통 분유를 중탕해서 온도를 맞춰 달라는 부탁을 많이 한다. 이런 경우 선임 승무원이나 육아 경험이 있는 승무원에게 도움을 요청하는 것도 방법이다.

A

Case 3-13 아기가 울고 보채는 경우

Q 아기가 울면서 보채고 있고 당황한 보호자는 주변 사람들에게 미안해하고 있습니다. 어떻게 하시겠습니까?

Situation

어디선가 아기의 울음소리가 들린다. 가 보니 돌이 되지 않은 아기를 안고 보호자가 우는 애기를 달래느라 애를 쓰고 있다. 울고 보채는 아기로 인해 주변의 승객들도 슬슬 불편함을 느끼고 있는 상황이다.

Tip

- 아이를 달래는 엄마의 마음을 공감하며 필요한 것이 있다면 제공하여 아이가 울음을 그칠 수 있도록 도와준다.
- 주변 승객들에게 양해를 구하고 귀마개가 탑재된 노선이라면 주변에 필요한 승객에게 제공한다.

A

Case 3-14 두통을 호소하며 약을 찾는 승객

Q 승객이 머리가 아프다고 두통약이 있냐고 물어봅니다. 어떻게 하시겠습니까?

Situation

승객이 머리가 너무 아프다며 기내에 두통약이 있는지 물어본다. 비행기에 탑승할 때부터 컨디션이 좋지 않았다며 약을 먹으면 나아질 것 같다고 하는 상황이다.

Tip

- 기내에는 비상약이 준비되어 있다. 약품명을 알려주고 약품에 대한 알러지가 있는지 확인을 한 후 가져다 드린다.
- 약 복용 후 상태를 계속해서 체크한다.

A

Case 3-15 체한 것 같다고 도움을 요청하는 승객

Q 승객이 체한 것 같다고 손가락을 따 달라고 부탁을 합니다. 어떻게 하시겠습니까?

Situation

승객이 식사 후 머리가 아프고 명치가 답답하다며 체한 것 같다고 한다. 평소에도 잘 체해서 자주 해봤다며 승무원에게 손가락을 따 달라고 부탁을 한다. 자주 있는 증상이라 따면 괜찮을 거라고 하는 상황이다.

Tip

- 승객의 부탁이라도 승무원이 손을 따는 것은 곤란하다.
- 승객의 상태를 정확하게 물어보고 쉴 수 있는 좌석을 알아보거나 벨트 사인이 꺼져 있다면 통로를 거니는 방법도 추천한다.
- 기내에 탑재된 약, 탄산음료, 따뜻한 차 등을 권해 드린다.
- 증상이 나아지지 않으면 의료지식이 있는 승객을 찾아 도움을 요청해 드리겠다고 한다.

A

Case 3-16 멀미를 하는 승객

Q 승객이 멀미를 한다고 승무원을 불러 도움을 요청합니다. 어떻게 하시겠습니까?

Situation

이륙 후 얼마 지나지 않아 승무원 호출 버튼이 울려 가보니 승객이 멀미가 난다며 기내에 약이 있는지 물어본다. 승객은 식은땀까지 흘리며 많이 힘들어 보이는 상황이다.

Tip

- 기내에 비상약이 있는데 혹시 특정한 약에 대한 알러지가 있는지 물어본 후 알러지가 없다면 물과 함께 가져다 드린다.
- 찬 물수건이나 따뜻한 물 등을 가져다 드리고 상태가 호전되는지 계속해서 살핀다.

A

Case 3-17 비행 중 Jump Seat에 앉아서 가고 싶다는 승객

Q 좌석이 좁다며 승무원 좌석에 앉아서 가면 안 되냐고 승객이 물어봅니다. 어떻게 하시겠습니까?

Situation

자리도 좁은데 가운데 좌석에 착석하여 불편하다는 승객이 승무원 좌석이 비어 있는데 좀 앉아서 가면 안 되냐고 물어본다. 이착륙할 때는 자리에 돌아가겠다고 하며 계속 요청을 하는 상황이다.

Tip

- Jump Seat은 승무원이 이착륙 시, 비상시 착석하는 좌석이라는 것을 승객에게 설명한다.
- 비행 중 혹시 심한 터뷸런스(turbulence)가 있는 경우에는 승무원도 착석해야 하는 자리라서 항상 비워두어야 한다고 설명한다.
- 좌석불편이 다른 불만으로 이어지지 않도록 지속적으로 필요한 것이 있는지 물어보고 관심을 기울여 서비스한다.

A

Case 3-18 승무원이 자꾸 팔을 치고 간다고 항의하는 승객

Q 승무원들이 지나가면서 자꾸 자신의 팔을 치고 지나간다고 항의하는 승객, 어떻게 하시겠습니까?

Situation

휴식을 취하고 있는데 승무원들이 복도를 지나가면서 팔걸이 위에 있는 팔을 툭 툭 치고 지나간다. 미안하다고 사과를 하는 승무원도 있고 팔을 친지도 모르고 지나가는 승무원도 있다. 옆 좌석에도 사람이 앉아 있고 신경이 쓰인다. 불편한 승객이 승무원들의 행동에 항의하고 있는 상황이다.

Tip

- 기내통로가 좁기 때문에 주의를 기울이지 않으면 이런 상황이 자주 발생한다.
- 승무원의 부주의이므로 정중하게 사과한다.
- 이런 불편이 계속해서 반복되지 않도록 다른 승무원들과 공유한다.
- 특히 카트 서비스 시, 승객이 다칠 수도 있으므로 더욱 주의한다.

A

Case 3-19 갤리(Galley) 소음을 항의하는 승객

Q 갤리 안에서 시끄러운 소리가 들려 잠을 잘 수가 없다고 승객이 항의합니다. 어떻게 하시겠습니까?

Situation

장거리 구간, 첫 번째 서비스가 끝나고 승객들의 휴식을 위해 기내 조명을 어둡게 했다. 일부 승무원들도 rest를 하러 가고 나머지 승무원들은 다음 서비스 준비와 갤리 정리를 하고 있다. 갤리 근처에 앉아있는 승객이 덜그럭 거리는 소리, 쿵쿵 거리는 소리가 들린다며 시끄럽기도 하고 불안하다며 승무원에게 항의를 하고 있는 상황이다.

Tip

- 갤리의 기물이 철제로 된 물건들이 많아 작업 중에 소음이 발생하기 쉬우므로 항상 주의를 기울여 불편을 미연에 방지해야 한다.
- 승객의 불만이 발생했을 경우 사과를 하고 소음이 발생한 이유를 설명하고 더 주의를 하겠다고 말씀드린다.
- 귀마개가 탑재되는 경우 승객의 의향을 물어보고 서비스를 한다.
- 다른 승무원들과 공유하여 소음을 최소화하도록 조심한다.

A

Case 3-20 만석인데 화장실 옆 좌석을 다른 좌석으로 바꿔달라는 승객

Q 화장실 옆 좌석이 불편하다며 좌석을 바꿔달라고 하는데 만석입니다. 어떻게 하시겠습니까?

Situation

화장실 옆 좌석에 배정받은 승객, 계속 사람들이 드나들어 시끄럽고 냄새도 나는 것 같아 쉴 수가 없다며 자리를 바꿔달라고 한다. 오늘은 만석이라 빈 좌석이 없는 상황이다.

Tip

- 바꿔주고 싶으나 만석이라고 상황을 설명하고 진심으로 안타까움을 전하고 사과한다.
- 편안한 휴식을 위해 안대, 귀마개 등이 있으면 서비스한다.
- 화장실 체크를 자주 해서 청결을 유지하고 방향제를 사용하여 냄새가 나지 않도록 관리한다.
- 지속적인 관심을 통해 다른 서비스에 대한 불만이 생기지 않도록 한다.

A

Case 3-21 비즈니스 클래스 옆 좌석으로 자리를 바꿔달라는 승객

Q 비즈니스 클래스에 탑승한 승객이 옆자리가 비었다며 이코노미 클래스에 있는 일행이 몸이 좋지 않다며 자리를 바꿔줄 수 있냐고 물어봅니다. 어떻게 하시겠습니까?

Situation

오늘은 비즈니스 클래스에 빈 좌석이 여러 개 보인다. 한 승객이 자신의 일행이 이코노미 클래스에 있는데 몸이 좋지 않다며 비즈니스 클래스에 빈 좌석이 많은데 자리를 바꿔 줄 수 있냐고 물어보는 상황이다.

Tip

- 규정상 기내에서 좌석 업그레이드는 곤란하다고 승객이 무안하지 않게 말씀드리고 양해를 구한다.
- 이코노미 클래스에 있는 일행에게 더욱 관심을 기울이겠다고 말씀 드리고 신경을 쓴다.

A

Case 3-22 비즈니스 클래스 화장실을 좀 사용하겠다는 승객

Q 승객이 이코노미 클래스 화장실이 다 사용 중이라며 비즈니스 화장실을 좀 사용하겠다고 합니다. 어떻게 하시겠습니까?

Situation

첫 번째 식사 서비스 후, 화장실이 모두 붐비는 시간대이다. 이코노미 승객이 화장실에 가려고 하는데 모두 이용 중이며 줄이 길어서 기다려야 한다며 앞쪽에 있는 비즈니스 클래스 화장실을 좀 사용할 수 있냐고 물어보는 상황이다.

Tip

- 지금 시간대가 모든 화장실이 붐비는 시간대이라고 충분히 설명을 드린다.
- 이코노미에서 가장 빠르게 사용 가능한 화장실이 어딘지 알아봐드리겠다고 한 후 적극적으로 찾아서 안내한다.

A

Case 3-23 조종실을 구경하고 싶다는 승객

Q 어린이를 동반한 승객이 아이의 꿈이 조종사라고 하며 조종실을 구경할 수 없냐고 물어봅니다. 어떻게 응대하시겠습니까?

Situation

기내를 돌아보고 있는데 한 승객이 자신의 아들이 초등학교 4학년인데 장래희망이 항공기 조종사라고 한다. 비행기 탑승이 처음인데 조종실을 너무 궁금해 한다고 구경을 할 수 있는지 물어보는 상황이다.

Tip

- 조종실을 구경하고 싶어 하는 어린이 승객의 마음을 공감해 준다.
- 안전과 보안상의 이유로 비행 중에는 조종실 출입이 엄격히 제한되어 있다는 것을 설명한다.
- 공항에 도착하면 하기 시 잠깐 볼 수 있는지 알아봐 주겠다고 한다.
- 계속 아쉬워한다면 항공사에서 실시하는 어린이 승무원 체험 프로그램을 통해서 조종석도 견학할 수 있다고 안내를 한다.

A

Case 3-24 퍼스트 클래스(First Class)를 구경하고 싶다는 승객

Q 승객이 퍼스트 클래스를 구경하고 싶다고 승무원에게 요청합니다. 어떻게 하시겠습니까?

Situation

승객들이 휴식을 청하고 있는 시간이다. 어떤 승객이 서비스도 다 끝난 것 같은데 퍼스트 클래스에 한 번 가볼 수 있냐고 물어본다. 난감해하는 승무원에게 손님도 별로 없는데 조용히 둘러만 보겠다고 한다.

Tip

- 한 번에 안 된다고 거절하여 승객이 무안함을 느끼게 하는 것보다 우선 퍼스트 클래스 담당승무원에게 문의해 보고 방법을 찾아보겠다고 한다.
- 일반적으로 비행 중에 둘러보는 것은 곤란하므로 승객들 하기 후에는 가능하다고 양해를 구한다.
- 승객이 하기 후에 구경하고 싶다고 한다면 잊지 않고 도착 후 안내하도록 한다.

A

Case 3-25 아이가 너무 지겨워한다며 승무원에게 좀 놀아달라는 승객

Q 아이가 너무 지겨워한다며 아이 엄마가 승무원에게 아이와 좀 놀아달라고 부탁을 합니다. 어떻게 하시겠습니까?

Situation

대부분의 승객들이 잠을 청하거나 영화를 보거나 휴식을 취하고 있다. 한 승객이 승무원을 호출하여 자신의 아이가 너무 비행이 지겨워 힘들어한다면서 지금 별로 바빠 보이지 않는데 아이랑 같이 좀 놀아달라고 부탁을 하는 상황이다. 일부 승무원들이 Rest를 하러 가고 두 번째 서비스 준비도 해야 하고 다른 승객응대도 해야 하는데 손님에게는 바빠 보이지 않나 보다.

Tip

- 여유가 있다면 잠깐 아이랑 놀아줄 수는 있으나 오랜 시간을 할애하기는 곤란하므로 아이가 좋아할 만한 기념품을 제공하거나 AVOD시스템을 이용하도록 안내한다.
- 형식적인 안내가 아닌 적극적으로 아이가 좋아할 만한 비디오나 게임 등을 찾아주는 모습을 보이는 것이 좋다.
- 이후에도 괜찮은지 수시로 관심을 기울인다.

A

Case 3-26 기내식 서비스 도중 말이 통하지 않는 러시아 승객

Q 식사 서비스가 시작되었는데 한 러시아 승객과 의사소통이 되지 않습니다. 어떻게 서비스하시겠습니까?

Situation

식사 서비스를 하고 있는데 창가 쪽에 앉은 외국인 승객, 영어로 비빔밥과 불고기가 있다고 얘기를 하는데 전혀 알아듣지 못하고 러시아 사람이라고만 한다. 비행기에 러시아어를 할 수 있는 승무원은 없는데 어떻게 해야 하나 당황스러운 상황이다.

Tip

- 본인의 스케줄에 러시아가 있다면 미리 러시아 동료에게 메뉴의 이름 정도는 러시아어로 알아두는 것이 좋다.
- 주변에 영어를 할 수 있는 러시아인이 있다면 도움을 요청한다. 영어가 전혀 통하지 않는다면 식사를 직접 보여주거나 보디랭귀지로 설명을 한다.
- 언어가 통하지 않는다고 한 마디도 말하지 않는 것보다 밝은 표정으로 진심을 전달하는 것이 좋다.

A

Case 3-27 담배를 좀 피우게 해달라는 승객

Q 승객이 장거리 비행인데 담배를 피우지 못해 너무 힘들다며 담배를 좀 피우게 해달라고 합니다. 어떻게 하시겠습니까?

Situation

오늘 시드니까지의 비행시간은 10시간 30분이다. 출발 후 7시간 정도가 지났는데 한 승객이 갤리로 찾아와 비행시간이 10시간이 넘는데 담배를 못 피워서 너무 힘들다며 담배를 좀 피우게 해 달라고 부탁하는 상황이다.

Tip

- 장거리 비행인데 금연이 힘들겠다는 이해의 말을 해 준다.
- 기내에서는 화재 위험과 다른 승객들의 간접흡연 등의 이유로 금연을 꼭 지켜야 한다는 규정을 설명한다.
- 담배를 대체할 수 있는 간식이나 음료를 서비스한다.

A

Case 3-28 비행이 지루하고 심심하다는 어르신 승객

Q 혼자 탑승한 연세가 많은 승객이 비행이 너무 지루하고 심심하다고 승무원에게 하소연합니다. 어떻게 하시겠습니까?

Situation

장거리 비행, 혼자 탑승하신 할머니 한 분이 시간이 너무 가지 않는다며 지나가는 승무원을 붙잡고 하소연을 한다. 잠도 오지 않고 심심해서 많이 힘들어 보이는 상황이다.

Tip

- 시간적 여유가 있다면 대화를 통해 지루함을 덜어 드린다.
- 기내의 AVOD 시스템을 활용할 수 있도록 사용방법을 알려 드린다.
- 식사는 잘 하시는지 불편함은 없는지 지속적으로 관심을 기울인다.

A

Case 3-29 단체 승객들이 시끄럽다고 항의하는 승객

Q 단체 관광객들이 탑승했습니다. 여행에 들떠서 그런지 일행이 모여서 떠들고 소란스럽게 하고 있습니다. 주변 승객들이 시끄럽다고 항의하는데 어떻게 하시겠습니까?

Situation

방콕으로 가는 밤 비행노선이다. 휴가철이라 대부분이 관광객인데 20명 정도의 단체 관광객이 탑승했다. 식사 서비스가 끝나고 밤 비행이라 대부분의 승객들이 잠을 청하고 있는데 여행의 설렘으로 들떠서 그런지 단체 여행객들이 서로 모여서 떠들고 있는 상황이다.

Tip

- 항의하는 승객에게 사과를 하고 안대, 귀마개를 제공한다.
- 단체 여행객에게 밤 비행이라 많은 승객이 주무신다며 목소리를 낮춰 달라고 정중하게 부탁한다.

A

Case 3-30 기념품이 촌스럽다는 승객

Q 어린아이를 동반한 승객에게 기념품을 서비스했는데 너무 촌스럽다고 맘에 들지 않는다고 합니다. 어떻게 하시겠습니까?

Situation

토론토에서 입국하는 비행편에서 어린이들을 위한 기념품으로 색칠놀이세트를 서비스했다. 아이들이 좋아하는 모습을 보고 뿌듯해하고 있는데 한 승객이 기념품이 품질도 별로고 촌스럽다고 다른 것은 없냐고 물어보는 상황이다.

Tip

- 기념품이 마음이 들지 않는 것에 대한 아쉬움을 표현한다.
- 더 나은 기념품을 제공하기 위해 노력하겠다고 하고 승객에게 기념품에 대한 의견이나 좋은 아이디어가 있으면 얘기를 해 달라는 것도 좋은 방법이다.

A

Case 3-31 창측 승객이 창문 가리개를 열어서 잘 수가 없다는 승객

Q 창가쪽에 앉은 승객이 계속 창문 가리개를 열고 있어 잠을 잘 수가 없다고 항의를 합니다. 어떻게 하시겠습니까?

Situation

오전 10시 인천 출발 뉴욕행 비행, 첫 번째 식사 후에도 많은 승객들이 잠을 자기보다는 영화, 게임, 음악 감상 등을 하며 휴식을 하고 있는 상황이다. 한 승객이 잠을 청하려고 하는데 창측에 앉은 사람이 계속 창문 가리개를 열고 있어 잠을 청하기가 어렵다고 항의를 하는 상황이다.

Tip

- 승객의 불편한 마음을 공감해 준다.
- 만석이 아니라면 다른 좌석으로 바꿔드리거나 만석일 경우 기내에 비치되어 있는 아이 마스크와 귀마개를 가져다 드린다.

A

Case 3-32 애완견을 운송용기에서 꺼내 안고 비행하는 승객

Q 애완견을 운송용기에서 꺼내 좌석에서 안고 있는 승객이 있습니다. 어떻게 하시겠습니까?

Situation

식사 서비스가 끝나고 대부분의 승객이 휴식을 취하려고 하는데 뒤쪽에서 소란스러운 소리가 들린다. 반려동물과 함께 탑승한 승객이 자신의 애완견이 답답해 한다면서 운송용기에서 꺼내 안고 있다. 자신의 강아지는 순해서 가만히 있으니 좌석에서 안고만 있으면 안 되냐고 사정한다. 이미 주변의 승객들의 표정이 별로 좋지 않은 상황이다.

Tip

- 규정에 어긋나는 행동을 하는 고객에게는 규정을 제대로 알려주는 것이 중요하다.
- 안전운항을 위해서 반려동물을 운송용기 밖으로 꺼내는 것은 엄격히 금지되어 있다고 안내한다. 또한 운송용기에 넣어서도 무릎 위, 좌석 위 등에 올려두면 안 되며 좌석하단에 두어야 한다고 말씀드린다.
- 안전을 위한 일이니 협조를 부탁드린다.
- 마음이 상한 고객이므로 승무원들과도 정보를 공유하여 다른 불만이 생기지 않도록 지속적으로 신경을 쓴다.

A

Case 3-33 승객이 원하는 면세품이 품절된 경우

Q 면세품 판매 도중 뒤쪽 좌석에 앉은 승객이 미니어처 향수세트를 사려고 하는데 품절이 되었습니다. 어떻게 하시겠습니까?

Situation

앞쪽부터 기내 판매가 시작되었다. 오늘따라 선물용 화장품이 많이 팔리는 것 같다. 뒤쪽으로 갈수록 품절된 상품이 늘어나는데 한 승객이 에르메스 미니어처 향수 세트를 달라고 하는데 품절된 상황이다.

Tip

- 품절임을 알려드리고 비슷한 가격대의 다른 향수 세트나 화장품을 알려 드린다.
- 뒤쪽으로 갈수록 품절된 상품이 늘어나 불만이 많이 생기기 쉬우므로 말투나 행동을 정중하게 하여 더 큰 불만이 생기지 않도록 주의한다.

A

Case 3-34 항공기 착륙 후 taxing 중인데 짐을 꺼내려고 일어나는 승객

Q 비행기가 완전히 멈추기 전인데 한 승객이 일어나 선반에서 짐을 꺼내려고 합니다. 어떻게 하시겠습니까?

Situation

항공기가 무사히 착륙을 하고 비행기가 완전히 멈추지 않고 아직 taxing 중인데 한 승객이 일어나더니 머리 위 선반에서 짐을 꺼내려고 한다. 다른 승객들도 눈치를 보며 짐을 꺼내려고 일어나려고 하는 상황이다.

Tip

- 비행기가 완전히 멈춘 상황이 아니므로 일어나서 짐을 꺼내려는 승객을 즉각적으로 저지한다.
- 초기에 응대가 제대로 되지 않으면 다른 승객들도 일어나 기내가 소란스럽고 안전에 방해가 될 수 있으므로 빠른 응대가 중요하다.
- 비행기가 완전히 멈춘 후 좌석벨트 사인이 꺼질 때까지 좌석에서 기다려달라고 한다.

A

4 비행 중 비정상 상황

Case 4-1 기내 화장실에서 흡연을 한 승객을 발견한 경우

Q 기내 화장실에서 흡연을 한 승객이 있습니다. 어떻게 응대하시겠습니까?

Situation

승객들에게 간식 서비스를 마치고 기내를 돌아보며 화장실 체크를 하는 중이다. 이코노미 클래스 뒤쪽 화장실 체크를 위해 기다리고 있는데 담배 냄새가 스멀스멀 난다. 문이 열리고 담배를 피우고 나오는 승객을 발견한 상황이다.

Tip

- 기내에서는 금연이라고 단호하게 말하고 규정을 알려준다. (500만원 이하의 벌금형, 한 번 더 흡연 시도 시 공항경찰에 인계)
- 담배 냄새가 나는 것에 대해 주변 승객들을 안심시키고 적절한 응대를 한다.
- 기내 흡연 제지 방송을 통해 승객들을 주의시킨다.
- 화장실 체크 빈도를 늘리고 다른 승무원들과도 공유하여 흡연 승객을 예의주시한다.
- 금연하는 것을 도울 수 있도록 해당 승객에게는 간식, 음료 등을 제공한다.

A

Case 4-2 좌석에서 전자담배를 피우려고 하는 승객

Q 승객이 좌석에 앉아 전자담배를 피우려고 합니다. 어떻게 응대하시겠습니까?

Situation

식사 서비스가 끝나고 화장실 체크를 하고 있다. 통로를 걸어오는데 한 승객이 전자담배를 꺼내고 있다. 기내에서는 금연이며 전자담배도 허용되지 않는데 주위 사람을 아랑곳하지 않고 승객은 너무 당당하게 전자담배를 피우려고 하고 있다. 옆 좌석 승객이 승무원을 바라보며 황당해 하고 있는 상황이다.

Tip

- 기내에서는 금연이며 전자담배도 허용되지 않는다고 알려드린다. 주위의 다른 승객의 흡연 욕구를 자극할 수 있고 승객들의 불안감을 조성할 수도 있어 안전상 허용되지 않는다고 설명해 드린다.
- 흡연 욕구를 억제하기 위한 간식, 음료 등을 권해 드린다.
- 다른 승무원들과 공유하여 해당 승객에게 관심을 기울인다.

A ______

Case 4-3 기내 화장실 화재 발생

Q 기내 화장실에서 화재가 발생했습니다. 어떻게 응대하시겠습니까?

Situation

갑자기 이코노미 클래스 뒤쪽 화장실에서 화재가 발생하여 화재경보음이 울리기 시작한다. 화장실 문틈으로 연기가 조금 새어나오고 있는 상황이다. 일부 승객들은 놀라서 조금씩 동요하기 시작한다.

Tip

- 동료 승무원에게 알리고 상황이 긴박한 경우 먼저 화재 진압을 한다.
- 화장실에서 객실로 불이 번지지 않았을 경우 화장실 문을 살짝 열어 소화기를 이용하여 화재를 진압한다.
- 기장에게 상황을 알린다.
- 승무원들은 전문적인 훈련을 받았고 기내 화재를 진압했다고 승객들을 안심시키고 동요를 막는다.

A

Case 4-4 기내에서 환자가 발생한 경우

Q 기내에서 승객이 갑자기 쓰러졌습니다. 어떻게 하시겠습니까?

Situation

일부 승객들이 소리를 지르며 승무원을 부른다. 가까이 가 보니 한 승객이 창백한 얼굴로 쓰러져 있고 곁에 있던 보호자도 당황하여 어쩔 줄 몰라 하는 상황이다.

Tip

- 가까운 곳에 있는 다른 승무원을 불러 사무장에게 알리도록 한다.
- 의식이 있는지 확인한 후 응급처치가 가능한 경우에는 응급처치를 실시한다.
- 보호자를 안심시키고 병력을 확인한다.
- 기내에 의료진이 있는지 방송 후 의료진이 있다면 신분 확인 후 응급처치를 하는 것을 적극적으로 도와준다.

A

Case 4-5 승객이 공황장애가 있다며 비행 도중 내리겠다고 하는 경우

Q 비행 중인데 한 승객이 자신이 공황장애가 있다고 지금 당장 내리겠다고 합니다. 어떻게 대처하시겠습니까?

Situation

팩스콜이 울려 가보니 승객이 당장 비행기에서 내리게 해 달라고 한다. 안색도 좋지 않고 식은땀을 흘리고 있다. 자신이 공황장애가 있다면서 너무 힘들다고 호소를 하고 있다. 도착시간이 2시간여 남아있는 상황이다.

Tip

- 기내에 의료진이 있다면 도움을 요청하고 만약에 없다면 승무원과 대화를 통해 편안한 심호흡을 유도한다.
- 안전한 항공사이고 자신의 비행경력 동안 단 한 번의 사고도 없다고 안심시키며 긍정적인 생각을 할 수 있도록 해 준다.
- 되도록 편안함을 느낄 수 있도록 조이는 옷의 경우는 느슨하게 해 준다.
- 도착할 때까지 정서적으로 안정감을 가질 수 있도록 지속적으로 케어한다.

A

5 객실승무원 관련 상황

Case 5-1 승무원에게 계속 반말을 하는 승객

Q 젊은 승객이 계속 승무원에게 반말을 합니다. 어떻게 하시겠습니까?

Situation

서비스를 하는 도중 승객이 자꾸 반말을 한다. 한두 번도 아니고 기분은 상하는데 승객이라 뭐라고 할 수도 없는 상황이다. 계속 표정은 굳어가고 어떻게 해야 할지 난감한 상황이다.

Tip

- 반말을 하는 승객은 대부분 자신도 모르게 습관적으로 반말을 하는 경우가 많다.
- 이런 승객에게는 오히려 더 정중하게 경어를 사용하면 스스로 자신이 반말을 하는 것을 자각하고 조심을 하게 된다.

A

Case 5-2 승무원의 급여를 물어보는 승객

Q 승객이 승무원의 급여가 얼마나 되는지 물어봅니다. 어떻게 하시겠습니까?

Situation

통로를 지나가는데 승객이 부른다. 자기 딸도 승무원이 되고 싶어 하는데 급여가 어느 정도 되는지 궁금하다며 알려달라고 한다. 정확하게 알려주기도 곤란하고 절대 알려줄 수 없는 비밀도 아니고 고민을 하는 상황이다.

Tip

- 알려줄 수 없다고 하면 승객이 무안할 수 있으므로 일반 회사의 급여와 책정되는 방식이 다르다는 것을 간략하게 설명한다.
- 직급, 비행시간, 승무원에 따라 어느 정도의 연봉을 받는지 다르므로 대략의 연봉을 알려드리는 것이 무난하다.

A

Case 5-3 승무원의 연락처를 물어보는 승객

Q 승객이 승무원에게 자신의 아들에게 소개해 주고 싶다며 연락처를 물어봅니다. 어떻게 하시겠습니까?

Situation

오늘따라 서비스를 하는데 유난히 친절하게 대해 주는 노부부가 있었다. 조금 한가한 시간, 자신들에게 아들이 있는데 아가씨가 너무 친절하고 인상이 좋다며 소개해 주고 싶다고 한다. 혹시 연락처를 알려줄 수 있냐고 하는 상황이다.

Tip

- 비행하는 동안 승무원은 개인이기보다 회사를 대표한다는 마음가짐으로 행동해야 한다.
- 회사 규정상 근무 중에 승객에게 개인 연락처를 드릴 수 없다는 등의 답변으로 승객이 너무 무안하지 않게 정중히 거절한다.
- 관심에 대해서 감사드리고 이후에도 승객을 어색해하지 않고 다른 고객과 똑같이 친절하게 대한다.

A

Case 5-4 승무원에게 명함을 주는 승객

Q 한 승객이 승무원에게 개인적인 관심을 보이며 명함을 건넵니다. 어떻게 하시겠습니까?

Situation

기내 판매가 끝난 뒤 조명을 낮추고 복도를 걸어가고 있는데 한 승객이 승무원을 부른다. 인상이 좋고 친절하게 해 줘서 고맙다며 자신의 명함을 건넨다. 옆에 다른 승객들도 있는 상황이다.

Tip

- 일단 승객이 무안하지 않게 정중하게 명함을 받고 다른 승객들이 오해하지 않도록 "OOO님, 감사합니다. 더 좋은 서비스로 보답하겠습니다."라는 식의 인사를 한다.
- 승무원 개인에 대한 관심으로 받아들이기보다 서비스에 대한 고마움의 표현으로 받아들이는 모습을 보인다.
- 명함은 보이지 않는 곳에서 처리하도록 한다.

A

Case 5-5 동료 승무원의 서비스를 항의하는 승객

Q 승객이 다른 승무원을 가리키며 저 승무원은 서비스가 불친절하다고 항의합니다. 어떻게 하시겠습니까?

Situation

한 승객이 A승무원을 붙잡고 하소연한다. B승무원을 가리키며 저 승무원은 기분 나쁜 일이 있냐며 표정도 그렇고 말투도 불친절하다고 얘기를 하는 상황이다. A승무원이 보기에도 손님의 말처럼 B승무원이 무표정해 보이고 서비스를 하는 것에 의욕도 없어 보인다.

Tip

- 동료가 불친절해 보인다고 승객과 함께 비난을 하는 것은 곤란하다.
- 불편함을 드린 것에 대해서는 사과를 한 후 해당 승무원에게 상황을 알려주고 표정, 말투에 신경 쓸 것을 권한다.

A

Case 5-6 승무원의 외모를 지적하는 승객

Q 어떤 승객이 요즘 승무원들은 얼굴도 안 보고 뽑느냐고 물어봅니다. 어떻게 응대하시겠습니까?

Situation

A승무원이 통로를 걸어가고 있는데 두 승객이 자꾸 건너편의 B승무원을 쳐다보며 얘기를 하더니 걸어가는 A승무원을 불러 세운다. 요즘 승무원들은 외모는 안 보고 뽑느냐며 기준이 뭐냐고 물어본다. 승객의 외모지적에 당황스럽기도 기분도 좋지 않은 상황이다.

Tip

- 승객에게 승무원의 본연의 임무를 간단히 설명하고 외모 이외에도 갖추어야 할 자질이 많다고 말씀드린다.
- 외국어 실력, 체력 등을 갖추어야 한다고 얘기하고 감정적이기보다 유머러스하게 응대하는 센스가 필요하다. 가령 자신은 외모는 부족하지만 합격한 것을 보면 항공사가 인정한 인재가 아니겠냐 등의 자연스러운 대답을 한다.

A

Case 5-7 승무원의 발소리가 시끄럽다고 항의하는 승객

Q 승객이 자려고 하는데 승무원의 발소리가 쿵쿵거려 시끄러워서 잘 수가 없다고 항의를 합니다. 어떻게 하시겠습니까?

Situation

밤비행이라 승객들이 대부분 잠을 청하고 있다. 한 승객이 승무원 호출버튼을 눌러 가 보니 승무원이 지나갈 때마다 발소리를 쿵쿵거리며 지나가서 시끄러워 잠을 잘 수가 없다고 불평을 하는 상황이다.

Tip

- 먼저 불편함을 드린 것에 대해 사과하며 잠을 청하지 못하는 것에는 안타까움을 전한다.
- 통로를 다닐 때 주의하겠다고 승객에게 말씀드린 후 다른 승무원들과 이 사실을 공유하여 조심해서 통로를 다닐 수 있도록 한다.
- 기내에 귀마개, 수면 안대가 있으면 제공하여 승객이 잠을 잘 수 있도록 도와드린다.
- 다른 불만사항이 생기지 않도록 지속적으로 관심을 기울인다.

A

제 4 장

롤플레이 면접 준비

CABIN CREW ROLE PLAY GUIDE BOOK

1. 롤플레이 면접 주의사항
2. 롤플레이 면접 기출 문제
3. 국내항공사 현황과 채용절차

제 4 장 롤플레이 면접 준비

1 롤플레이 면접 주의사항

1) 롤플레이 면접이란?

롤플레이 면접은 비행 중 기내에서 발생할 수 있는 여러 가지 돌발 상황과 이런 상황에서 발생하는 승객의 불만을 객실승무원 지원자들이 어떻게 순발력 있고 센스 있게 대처하는지를 파악하기 위한 과정이다. 대형항공사의 경우 주로 롤플레이 면접이라고 따로 면접과정이 있기보다 1차, 2차의 면접 과정 중 지원자들에게 공통질문을 하고 있는 추세이다. 저비용항공사의 경우에도 면접관에 따라 롤플레이 형식을 질문을 하기도 하므로 대비를 해야 한다.

롤플레이 면접에 정답이 있는 것은 아니지만 면접관의 의도를 잘 파악하여 가장 가까운 답변을 할 수 있도록 연습할 필요가 있다. 롤플레이 면접에서는 답변 내용뿐만 아니라 자세나 태도도 실제 승무원처럼 친절하고 자연스럽게 응대하는 모습을 보이는 것이 좋다.

2) 롤플레이 면접 답변 시 주의사항

(1) 면접관의 말을 잘 듣고 질문의 의도를 파악한다.

면접관의 질문을 들을 때 시선을 맞추지 않거나 자세가 흐트러지게 되면 면접관에게 좋은 인상을 주기 어렵다. 밝은 표정으로 시선을 맞추고 진지하게 잘 듣고 있는 모습을 보여주어야 한다. 짧은 순간이지만 면접관이 무엇을 묻고 있는지 그 의도를 파악해야지 질문에 부합하는 답을 할 수 있다. 따라서 면접관의 질문을 정확하게 잘 듣고 의도하는 바가 무엇인지 간파하여 순발력 있게 대답한다. 혹시 질문의 의도가 무엇인지 이해하지 못했다면 그냥 짐작으로 대답하기보다 '죄송하지만 다시 한 번 말씀해 주시겠습니까?'라고 정중히 요청한 후 의도에 맞는 답변을 하도록 한다.

(2) 두괄식 화법으로 답변한다.

면접 답변 시 결론부터 얘기하고 그에 대한 부연설명을 하는 두괄식 화법이 논리적이며 효과적인 답변 방법이다. 결론이 먼저 제시되지 않으면 지원자가 하고자 하는 답변에 대한 이해가 어려울 수 있으며 말하고자 하는 의도와 달리 장황하게 들릴 수 있다.

(3) 자연스럽게 응대하는 것처럼 답변한다.

면접답변은 연설이나 강의가 아니므로 너무 큰 소리나 부자연스러운 말투로 답변하는 것은 곤란하다. 타인과 이야기할 때처럼 자연스러운 대화법이 어색하지 않지만 너무 친한 친구, 가족사이의 편안한 대화법을 의미하는 것은 아니다. 무슨 내용인지 알아듣기 쉽게 어려운 전문용어나 심한 사투리, 은어, 줄임말 등을 절대 사용하지 않도록 한다. 간단명료하고 조리 있는 답변을 할 수 있도록 반복적으로 연습하는 것이 바람직하다.

(4) 말끝을 분명히 하여 자신감을 보여준다.

주로 자신의 답변에 자신감이 없을 때 말끝이 분명하지 못하거나 흐려지게 된다. 이러한 태도는 면접관에게 준비부족과 자신감부족으로 비춰질 수 있다. 말끝을 분명히 하여 자신의 답변에 확신을 가지고 있다는 것을 보여줘야 한다. 대신 말투가 너무 딱딱하게 느껴지지 않도록 해야 한다.

2 롤플레이 면접 기출 문제

1) 기내 일반 서비스 상황

- 기내에 파리가 날아다니고 있는 경우
- 승객들끼리 싸움이 벌어진 경우
- 터뷸런스 상황에서 화장실에 가려고 일어나는 승객
- 곧 이륙해야 하는데 승객이 짐을 통로에 내려놓고 있는 상황
- 좌석 모니터가 고장이 났다며 좌석을 바꿔달라는 승객
- 기내 청소상태가 불량하다고 항의하는 승객
- 앞좌석 승객이 등받이를 너무 젖혀 불편함을 호소하는 승객
- 목발을 짚고 탑승하고 있는 승객
- 기내 좌석이 너무 좁다고 항의하는 승객
- 승객이 춥다고 하는데 담요가 다 서비스된 상황
- 어린이 승객이 장난으로 승무원 호출버튼을 계속 누르는 상황
- 이코노미 승객이 코트 보관을 부탁했는데 상위 클래스 코트룸도 여유가 없는 상황
- 오랫동안 화장실에서 나오지 않는 승객
- First Class를 구경하고 싶다는 승객

- 일부러 국적기를 탔는데 외국인 승무원이 많아 불편하다고 항의하는 승객
- 항공기 소음이 심한데 문제가 있는 것은 아니냐고 불안해하는 승객
- 기내에서 비행 중 항공기 문을 열겠다고 난동을 부리는 승객
- 승객이 가족과 좌석이 떨어졌다고 바꿔달라고 하는 경우
- 좌석의 업그레이드를 요구하는 승객
- 귀가 아프다고 호소하는 승객
- 옆 좌석 아이가 구토를 해서 계속 냄새가 난다고 자리를 바꿔달라는 승객

2) 기내 식음료 서비스 관련 상황

- 승객이 뜨거운 물을 달라고 요청하는 경우
- 승객이 가지고 온 음식을 기내에서 먹는 경우
- 술에 취한 승객이 술을 더 달라고 하는 경우
- 승객이 해장을 할 수 있는 기내식을 요청하는 경우
- 승객 자신이 음료를 쏟았는데 승무원에게 화를 내는 상황
- 승객이 커피가 너무 뜨거워 입에 화상을 입었다고 화를 내는 상황

3) 승무원 관련 상황

- 승무원이 인상을 쓰고 다녀서 보기 불편하다고 항의하는 승객
- 승무원들은 어느 호텔에 묵는지 계속 물어보는 승객
- 너무 친절해서 고맙다며 도착하면 식사 대접을 하겠다는 승객
- 노부부가 아들에게 소개해 주고 싶다며 연락처를 알려달라는 경우
- 요즘은 승무원 채용할 때 얼굴을 안 보냐고 하는 승객

- 승무원이 지나갈 때마다 향수 향이 너무 진하다고 불평하는 승객
- 승객이 친절한 서비스가 고맙다며 승무원에게 팁으로 사례를 하겠다고 하는 경우
- 승객이 동료 승무원의 연락처를 알려달라고 하는 경우
- 선배 승무원이 매뉴얼에 없는 일을 지시하는 경우

3 국내항공사 현황과 채용절차

1) 대한항공

(1) 기업소개

① 개요 및 철학

- 회사명 : (주)대한항공
- 창립일 : 1969년 3월 1일
- 업종 : 여객, 화물, 기내식, 기판, 항공우주
- 항공기 보유수 : 168대(2020년 1월 말 기준)
- 운항노선 : 국내선-13개 도시, 국제선-44개국 127개 도시(2020년 1월 말 기준)
- 항공사 동맹체 : 스카이팀(Sky Team). 대한항공은 2000년에 결성된 글로벌 얼라이언스 "스카이팀"의 창립 멤버이다. 현재 19개 회원사로 구성된 스카이팀은 전 세계의 170개 이상의 국가에서 1,036개 도시로 매일 15,445편 이상의 항공편을 운항하고 있다.

대한항공은 이용고객들에게 최고의 항공서비스 제공을 위해 노력하고 있으며, 창조적인 변화와 지속적인 경영혁신을 통해 세계 항공업계를 선도하고 있는 글로벌 항공사로 자리매김해 왔다. 임직원 모두는 고

객들의 지속적인 관심과 항공사에 대한 애정이 오늘의 대한항공을 있게 한 원동력이라는 사실을 잊지 않고 있으며, '고객 최우선 경영'을 위하여 최선을 다하고 있다. 세계 항공업계를 선도해 나가고 있는 글로벌 항공사로서, 대한항공은 신규 노선 개척은 물론 해외영업 강화를 기반으로 글로벌 네트워크를 계속 확대하고 있으며, 이를 통하여 전 세계에 대한민국의 국가위상을 높이는 데 중추적인 역할을 수행해 왔다.

② 비전 및 미션

비전은 세계 항공업계를 선도하는 글로벌 항공사이며, 미션은 "Excellence in Flight"이다. 대한항공은 2004년에 창립 35주년을 맞아 새로운 비전인 '세계 항공업계를 선도하는 글로벌 항공사'라고 선포하고, 기업이 나아가야 할 방향인 'Excellence in Flight'라는 슬로건을 제정했다. 다음해인 2005년에는 이런 비전과 미션달성을 위한 방안으로 젊고 미래지향적 이미지를 추구하고 있는 새로운 CI를 구축했다. 또한 고객 니즈와 시장 변화에 신속하고 유연하게 대응하여 경쟁력을 강화하고 지속가능한 성장을 추구함으로써 항공업계의 리더로 자리매김했다.

③ 심벌마크와 로고

대한항공의 심벌마크는 우리나라의 전통문양인 태극문양을 응용하여 역동적인 힘을 나타내고, 프로펠러의 회전 이미지를 형상화해서 강한 추진력과 무한한 창공에 도전하려는 대한항공의 의지를 나타낸다. 또한 대한항공의 로고는 영문회사명에 심벌마크를 더하여 대한항공의 역할, 기업이념을 표현했다.

대한항공 로고

(2) 제휴 항공사

- 국제 항공동맹 스카이팀(Sky Team)

스카이팀 회원사

조양호 회장은 취임 후에 부친인 조중훈 회장이 추구하는 사업철학과 방식을 이어받아 항공 시장을 선도해 나갔다. 2000년에는 조양호 회장의 주도로 에어프랑스, 델타항공, 아에로멕시코 등 세계 유수의 항공사

와 더불어 세계적인 항공동맹체인 스카이팀(Sky Team)을 창설하였다. 위에서 언급한대로 대한항공은 2000년에 결성된 글로벌 얼라이언스 "스카이팀"의 창립 멤버이다. 현재 19개 회원사로 구성된 스카이팀은 전 세계의 170여 개국 이상, 1,036개 도시로 매일 15,445편 이상의 항공편을 운항하고 있으며, 고객들에게 편안한 여행을 제공할 수 있도록 최선을 다하고 있다.

- **스카이팀**

- 설립연도 : 2000년 6월 22일
- 스카이팀 본부 : 네덜란드 암스테르담 스키폴 국제공항
- 스카이팀 항공사 간의 혜택
  라운지 이용과 더불어 마일리지 적립 서비스를 공동으로 제공하고 있다. 항공사 간 협력, 공동운항을 통하여 고객들에게 보다 더 다양한 항로, 서비스 등을 제공한다.
- 항공사 동맹의 장점
  항공사가 취항하지 않은 노선에서의 영업범위를 넓힐 수 있다. 항공사 입장에서는 제휴항공사끼리 카운터, 라운지를 제공함으로써 비용을 절감할 수 있다. 승객입장에서는 다른 항공사를 이용하더라도 동맹의 항공사인 경우 원하는 항공사의 마일리지를 쌓을 수 있다.

(3) 취항지

대한항공은 2020년 1월을 기준으로 168대의 항공기를 보유하고 있으며 국내 13개 도시를 포함, 전 세계 44개국 127개 도시를 취항하고 있다.

- 대한민국

서울/인천, 서울/김포, 부산/김해, 제주, 광주, 군산, 대구, 무안, 여수/순천, 울산, 원주, 진주/사천, 청주, 포항

- 일본

도쿄(나리타/하네다), 오사카, 나고야, 삿포로, 후쿠오카, 아오모리, 오카야마, 니카타, 고마쓰, 가고시마, 오이타, 키타규슈

- 중국

광저우, 구이양, 난징, 난닝, 다롄, 마카오, 베이징, 무단장, 상하이, 샤먼, 선전, 선양, 옌지, 시안, 옌타이우루무치, 정저우, 우한, 웨이하이, 칭다오, 지난, 창사, 쿤밍, 톈진, 허페이, 항저우, 홍콩, 황산

- 동남아시아 / 인도

가오슝(대만), 나트랑(베트남), 발리(인도네시아), 다낭(베트남), 델리(인도), 마닐라(필리핀), 말레(몰디브), 방콕(태국), 뭄바이(인도), 비엔티안(라오스), 세부(필리핀), 양곤(미얀마), 싱가포르(싱가포르), 클락(필리핀), 자카르타(인도네시아), 조호바루(말레이시아), 카트만두(네팔), 치앙마이(태국), 코로르(팔라우), 코타키나발루(말레이시아), 쿠알라룸푸르(말레이시아), 콜롬보(스리랑카), 타이페이(대만), 푸켓(태국), 프놈펜(캄보디아), 호찌민(베트남), 하노이(베트남)

- 미주(북/남미)

뉴욕, 댈러스, 라스베이거스, 디트로이트, 로스앤젤레스, 샌프란시스코, 시애틀, 시카고, 워싱턴, 애틀랜타, 휴스턴, 호놀룰루, 토론토(캐나다), 밴쿠버(캐나다)

- 유럽

런던(영국), 로마(이탈리아), 밀라노(이탈리아), 바르셀로나(스페인), 마드리드(스페인), 비엔나(오스트리아), 취리히(스위스), 파리(프랑스), 암스테르담(네덜란드), 이스탄불(터키), 프랑크푸르트(독일), 프라하(체코)

- 대양주 / 괌

괌(미국), 난디(피지), 시드니(호주), 브리즈번(호주), 사이판(미국), 오클랜드(뉴질랜드)

- 러시아 / 몽골 / 중앙아시아

모스크바(러시아), 상트페테르부르크(러시아), 블라디보스토크(러시아), 울란바토르(몽골), 타슈켄트(우즈베키스탄), 이르쿠츠크(러시아)

- 중동 / 아프리카

두바이(아랍에미리트), 텔아비브(이스라엘), 아부다비(아랍에미리트)
*사우디아라비아(리야드/제다)는 2016년 이후로 비운항하고 있으며 브라질 상파울루는 2017년 이후로 비운항하고 있다.

(4) 기타 활동

- 경영 방침

온실가스, 소음을 줄이기 위하여 신형 항공기 도입을 하고 있으며 운항절차를 개선했다. 국내외의 환경법규와 제 규정을 준수하고 보다 더 엄격한 내부기준을 실천하고 있다. 또한 사전 예방적인 환경관리를 하고 있으며 지속적인 성과개선을 통하여 환경영향을 최소화하고 자원과 에너지를 절약하면서 효율적인 관리를 위해 지속적인 개선을 추구하고 있다. 효율적인 활동을 위해 임직원의 환경의식 전환과 교육, 훈련을 실시하며 글로벌 협력을 통하여 범지구적인 환경보호를 하고 지역사회의 발전에도 공헌하고 있다.

- 사회공헌활동

전 세계에서 시행하고 있는 나무심기 사업, 차세대 친환경 항공기의 도입, 로스엔젤레스 MTLA재단, LA도심 녹색사업의 공동추진, 용암동굴, 제주 화산섬 유네스코 세계자연유산 등재 등을 지원하고 있다. 기업의 사회적 책임(CRS)을 통하여 대한항공 임직원들은 26개의 사내 봉사단체를 조직해서 국내에서의 봉사활동은 물론 국경을 넘어 도움의 손길이 필요한 여러 곳에서 봉사활동을 하고 있다. 예를 들면, 사랑의 집짓기 해비타트 운동, 중국 꿈의 도서실 기증, 하늘사랑 영어교실, 사랑의 연탄 나눔, 유방암 예방 핑크 리본 캠페인, 1사1촌 자매결연 등을 통하여 기업의 사회적 책무의 중요성을 실행하고 있다.

(5) 채용정보

① 인재상

대한항공이 가장 소중하게 생각하는 가치이자 자원은 '사람'이다. '기업은 곧 인간'이라는 창업이념을 가지고 임직원들이 각자의 역량을 충분히 발휘하면서 글로벌 인재로 성장할 수 있도록 지원을 아끼지 않고 있다. 사람은 회사의 소중한 자원이며 회사의 발전은 사람을 통하여 이루어진다. 또한 회사와 사람의 동시 발전을 추구하고 있다. 대한항공의 인재상은 진취적인 성향의 소유자, 국제적인 감각의 소유자, 서비스정신과 함께 올바른 인성을 소유한 자, 성실한 조직인, 팀워크를 겸비한 사람이다.

'진취적인 성향의 소유자'로 진취적인 사람은 적극적이고 미래지향인 사람을 말한다. 다양한 국적의 사람들에게 최상의 서비스와 적극적인 서비스를 실행해야 하기 때문에 진취적인 사람을 선호한다. '국제적인 감각의 소유자'로 세계 항공업계를 선도하고 있는 글로벌 항공사로서 국제적인 감각의 소유자를 선호하고 있다. '서비스정신과 함께 올바른 인성을 소유한 자'로 서비스직을 대표하는 직업 중에서도 올바른 인성을 소유한 자여야 직원들끼리 팀워크를 발휘하여 좋은 성과를 거둘 수 있다. 겉으로 보이는 서비스정신이 아닌 마음속에 내재되어 있는 품격 있는 서비스 마인드와 올바른 인성은 꼭 필요한 조건이다. '성실한 조직인'은 비행이라는 스케줄은 누구에게나 굉장히 중요한 스케줄이 될 수 있다. 여행, 일, 만남 등 대부분 중요한 일을 위해서 비행을 하는 경우가 대부분이므로 체력관리와 함께 자기관리가 항상 따라와야 하는 직업이기 때문에 성실한 조직인을 선호한다. '팀워크를 겸비한 사람'으로 비행은 혼자가 아닌 많은 지상, 운항, 객실승무원들과 지상조업팀들이 하나의 팀을 이루어 그날의 비행을 훌륭하게 완수해야만 한다. 그렇기 때문에 공동체 생활에 빨리 적응을 할 수 있고 팀워크를 위해 항상 노력하는 직원들을 원한다.

② 객실승무원 전형절차(2018년 하반기 기준)

- **지원 자격**
  - 해외여행에 결격사유가 없고 병역필 혹은 면제자
  - 교정시력 1.0 이상인 자
  - 기졸업자 또는 2018년 9월 졸업예정자

- TOEIC 550점 또는 TOEIC Speaking LVL 6 또는 OPIc LVL IM 이상 취득한 자(2016년 11월 8일 이후 응시한 국내시험에 한함)

전형 절차

서류전형 ⇒ 1차 면접 ⇒ 2차 면접, 영어구술 ⇒ 체력/수영 ⇒ 3차 면접 ⇒ 건강진단 ⇒ 최종합격

제출서류

- 어학성적표 원본 1부
- 최종학교 성적증명서 1부
- 졸업(예정) 또는 재학 증명서 1부
- 석사 학위 이상 소지자는 대학 이상 전 학력 졸업 및 성적증명서 제출
- 기타 자격증 사본 1부(소지자에 한함)

체력측정

- 민첩성 테스트
- 유연성 테스트
- 싸이클/5분간 속도 50 유지
- 외발서기/눈 감고 한 쪽 무릎을 들고 서 있는 시간 체크(120초 만점)
- 높이뛰기/제자리에서 높이 뛰어 떠 있는 시간 체크
- 악력테스트/30점 만점
- 윗몸 일으키기/30초에 18회 만점
- 수영테스트/25m 완주 35초 만점
- CYBEX 무릎 근력 및 질환 검사

- 기타 사항
  - 국가 보훈 대상자는 관계 법령에 의거하여 우대
  - 영어구술성적 우수자는 전형 시 우대
  - 태권도, 검도, 유도, 합기도 등 무술 유단자는 전형 시 우대
  - 2년간 인턴으로 근무 후 소정의 심사를 거쳐 정규직으로 전환 가능

(6) 보상체계 및 복리후생

장기근속직원 여행 지원, 직원용 할인 항공권, 퇴직 직원용 항공권 지원, 호텔 및 숙박 지원, 사택지원 및 주택구입, 전세 자금 등을 지원한다. 취미반 활동 지원과 연금지원, 사내 복지기금 운영, 헬스클럽 및 수영장 운영을 통한 사회보장과 복리후생을 지원하고, 다양한 경조사 및 의료지원 혜택과 직원들의 교육을 지원하고 있다.

2) 아시아나항공

(1) 기업소개

① 개요

- 회사명 : 아시아나항공 주식회사
- 창립일 : 1988년 2월 17일
- HDC현대산업개발 자회사(2019년 12월 27일 주식매매계약과 신주인수계약을 체결하며 HDC현대산업개발이 아시아나항공의 새 주인이 됨)
- 업종 : 항공운수, 토목, 건축, 설비, 전기, 통신, 로고상품, 관광, 호텔, 교육, 기내식, 제조판매, 전자상거래, e-business

- 항공기 보유수 : 85대(여객기-73대, 화물기-12대, 2020년 2월 기준)
- 운항노선 : 국내선 10개 도시, 11개 노선 / 국제선(여객) 21개 국가, 64개 도시, 76개 노선/ 국제선(화물) 12개 국가, 31개 도시, 29개 노선(운휴노선 포함)
- 항공사 동맹체 : 스타얼라이언스(Star Alliance). 1997년 5월 14일 세계 최초로 결성된 항공 동맹, 아시아나 항공을 포함하는 26개 회원사가 가입되어 있는 스타얼라이언스는 전 세계의 고객들의 여행만족도를 높이기 위하여 네트워크, 탑승수속, 발권, 라운지이용, 기타 수십여 가지의 서비스를 공유하고 상용고객 우대프로그램, 빠른 환승의 다양한 혜택을 제공하는 항공사 동맹체이다.

1988년 '최고의 안전과 서비스를 통한 고객 만족'이라는 경영이념을 바탕으로 창립되었다. 아시아나항공은 전 세계에 색동 날개를 펼치며 글로벌 항공사로 성장하였다. 아시아나 항공은 최신 항공기와 설비로 안전을 최우선 하며 미래를 향해 비상을 계속하고 있다.

아시아나항공은 핵심역량을 최고의 서비스를 통한 고객만족으로 정하고, 업계 최고의 1등 기업으로의 가치창출을 하는 아름다운 기업으로 역할을 다하려고 끊임없이 노력을 기울이고 있다. 또한 환경/윤리/상생경영/사회 공헌까지 기업의 사회적 책임을 다해 지속 가능한 성장을 추구하고자 하는 세계 최고 항공사가 되려고 노력하고 있다.

아시아나항공은 '고객이 원하는 장소와 시간에 가장 안전하고, 빠르게 모시는 것'을 기본 철학으로 삼고 있으며 '최고의 안전과 서비스를 통하여 고객만족'을 이끌어 내는 경영이념을 실천하고 있다.

아시아나항공의 서비스 모토는 첫 번째, 참신한 서비스로 최신 기종의 신형 항공기와 언제나 신선함을 잃지 않고 진부하지 않는 새로운 마음으로 고객을 모시는 것이다. 두 번째, 정성어린 서비스로 눈에 잘 보이지 않는 사소한 일까지도 한국적 미덕이 저절로 몸에서 베어나는 친절과 세심한 배려로 고객을 모시는 것이다. 세 번째, 상냥한 서비스로 진심에서 우러나는 밝은 미소와 언제나 상냥한 모습으로 고객을 모시는 것이다. 마지막으로 고급스러운 서비스로 기내식, 작은 비품, 행동까지도 품격을 느끼게 하는 최고급의 서비스 정신으로 고객을 모시는 것을 모토로 삼고 있다.

② 비전 및 미션

비전은 항공업계 최고의 1등 기업 가치를 창출하는 아름다운 기업이다. 미션은 금호아시아나그룹 이해관계자들의 삶의 질 향상이다. 아름다운 기업, 아름다운 사람들로 약속한 바를 지키며 건실한 기업으로 사회적 책임을 다하고, 열정과 집념을 가지고 자신의 역할을 다하는 사람이다.

③ CI

아시아나 항공은 1988년에 창립한 이후 2006년 초반까지 색동저고리를 입고 있는 여인을 형상화한 CI를 사용했다. 2006년 2월 금호아시아나그룹 창립 60년을 맞이하여 '윙(날개)'을 형상화한 그룹 통합 CI를 도입하였다. CI로 심벌마크는 오른쪽 상단에 붉은색 '윙 WING'으로 고객과 더불어 아름다운 미래로 비상하는 기업의 의지를 형상화했다. '금호'와 '아시아나'의 만남을 상징한다. 2019년 12월, HDC현대산업개발이 아시아나항공의 새 주인이 된 만큼 향후 사명, CI, 유니폼 등에서 여러 가지 변화가 예상된다.

로고는 견고한 정자 형태로 '신뢰' 이미지를 전달한다. 그래픽 모티브는 한국 전통 색동을 계승하여 진태옥 디자이너가 현대적으로 재해석하여 역동적이고 발전하는 미래상을 표현하였고, 그 이미지는 유니폼에도 잘 나타나 있다.

(2) 제휴 항공사

아시아나항공은 스타얼라이언스의 회원사로서 고객들에게 더 많은 혜택을 주고자 노력하고 있다. 스타얼라이언스는 목적지 수, 하루의 비행량, 회원사 규모, 도착지 국가 수 등에서 세계일류의 항공 네트워크다. 스타얼라이언스는 1997년 세계 최초로 결성된 항공동맹체로, 안전도, 규모와 서비스의 품격에서 세계 최고를 자랑하고 있다. 스타얼라이언스에는 에어캐나다, 루프트한자, 싱가폴 항공 등 26개의 회원 항공사가 있다. 또한 아시아나항공은 공동운항 네트워크를 통해 전 세계의 다양한 목적지로 여행할 수 있다. 에어부산, 에어차이나, 카타르항공 등 30개의 항공사와 공동운항을 하고 있다.

(3) 취항지

- 일본

나고야, 도쿄, 삿포로, 미야자키, 센다이, 오사카, 아사히카와, 오키나와, 후쿠오카

- 중국

광저우, 난징, 다롄, 구이린, 베이징, 선양, 선전, 상하이, 시안, 옌타이, 웨이하이, 옌지, 옌청, 충칭, 칭다오, 창사, 창춘, 청두, 하이커우, 항저우, 톈진, 하얼빈, 홍콩

- 중앙아시아, 러시아

  알마티, 사할린, 타슈켄트, 하바롭스크

- 동 · 서남아시아

  다낭, 델리, 방콕, 세부, 마닐라, 싱가포르, 클라크필드, 타이베이, 자카르타, 푸켓, 프놈펜, 호찌민, 하노이

- 미주

  뉴욕, LA, 시애틀, 시카고, 샌프란시스코, 호놀룰루

- 대양주

  팔라우, 사이판, 시드니

- 유럽

  런던, 로마, 베네치아, 바르셀로나, 파리, 프랑크푸르트, 이스탄불

(4) 기타 활동

아시아나항공은 사회공헌을 4가지 테마별로 체계적이고 전략적으로 실천하고 있다. 4가지 테마 중 첫 번째는 아름다운 나눔으로 자선적 책임, 순수 기부를 통하여 나눔 문화를 확산하는 것이며, 두 번째는 아름다운 문화로 문화예술 지원과 문화재 보존을 통하여 문화적 기업으로 성장하는 것이다. 세 번째는 아름다운 환경으로 친환경 경영과 환경 보호를 하고 있다. 마지막 테마로는 아름다운 교실로 아동과 청소년 지원은 물론 자유학기제를 지원하며 교육기부를 하고 있다. 이 외에도 임직원 자원봉사와 물품기부 및 모금을 하고 있다.

(5) 채용

① 인재상

아시아나항공의 인재상은 직업에 대한 윤리의식을 가지고 맡은 직무에 대한 책임의식을 갖춘 프로페셔널이며, 업계 최고 1등 기업가치 창출을 위해 매진하는 집념의 아시아나인이다.

아시아나 승무원의 필요역량으로는 편안하고 호감이 가며 친밀감을 주는 첫인상이 좋은 승무원이며, 고객을 향한 따뜻한 마음과 정성을 가진 승무원이다. 또한, 고객이 원하는 것을 먼저 파악하는 센스를 가진 승무원이고, 국제적 감각과 매너를 지닌 승무원이다. 다양한 경험을 통해 축적된 대인관계 능력과 외국어 구사 능력 등도 승무원에게 필수적으로 요구된다.

아시아나항공의 캐빈서비스직은 기내에서 승객의 안전과 편안한 여행을 책임지는 업무를 하므로 편안함과 신뢰를 줄 수 있어야 한다. 기내 현장에서의 경험을 바탕으로 훈련팀 교관, 캐빈 안전, 서비스기획을 담당하는 업무를 수행할 수 있으며, 향후 그룹장, 파트장, 팀장 등의 관리자로 성장할 수 있는 기회가 주어진다.

② 객실승무원 전형절차(2019년 하반기 기준)

- 지원자격요건
  - 학력 : 기졸업자 또는 2020년 2월 졸업예정자
  - 전공 : 제한 없음
  - 어학 : 국내 정기 TOEIC 성적을 소지하신 분(2017년 9월 19일 이후 성적에 한함)

    ※ 토익성적 미소지자, 해외 토익 소지자 응시불가

    ※ 어학성적 우수자 전형 시 우대

- 신체조건 : 기내 안전 및 서비스 업무에 적합한 신체조건을 갖춘 분
- 병역 : 남자의 경우 병역을 필하였거나 면제된 분
- 기타 : 해외여행의 결격 사유가 없는 분

영어구술 성적표(TOEIC Speaking, ESPT, OPIc) 소지자에 한하여 기재

※ 외국어 성적의 경우 2017년 9월 19일 이후 성적에 한하여 유효

• **전형 절차**

온라인(입사지원) ⇒ 서류전형 ⇒ 1차(실무자 면접) ⇒ 2차(임원면접, 영어구술) ⇒ 건강검진, 체력측정, 인성검사 ⇒ 최종(종합) 합격자 발표 ⇒ 입사

• **체력측정 항목**

- 악력 테스트/20점 이상 합격
- 윗몸 일으키기/30초 동안 실시
- 유연성 테스트/40cm 높이에서 허리를 굽히고 팔을 내려 측정
- 배근력 테스트/60점 이상 합격
- 수영테스트/25m 완주

③ 보상체계 및 복리후생

입사 3개월 이상 직원 및 가족대상 항공권 지원 및 할인항공권 제공, 퇴직 직원 항공권 제공, 사우회 운영과 지원, 장기근속자 지원, 호텔 및 리조트 할인, 사내동아리 활동 지원, 직원 복지시설 운영 등을 통한 여가/문화생활을 지원하고 있다. 주거안정 지원과 사회보장 및 생활지원, 계열사 할인, 학자금 및 의료서비스 지원 등이 있다.

3) 티웨이항공

(1) 기업 소개

① 개요

티웨이 항공사의 경영이념은 함께하는 우리들의 항공사이며, 실행 목표는 첫째도 안전, 둘째도 안전, 가족같이 편안한 서비스화합, 배려하는 기업문화이다. 슬로건은 Happy T'way it's yours이다. T는 Together, Today, Tomorrow를 의미 즉, 오늘과 내일을 함께 할 인재를 구한다는 뜻이다. 티웨이 항공사는 5S 핵심가치를 추구하고 있다. 티웨이 항공의 최우선 가치인 승객의 안전 Safety, 합리적인 운임과 실용적인 서비스인 Smart, 고객만족경영의 Satisfaction, 공유가치창출의 Sharing, 지속가능경영의 Sustainability의 5S를 강조하고 있다.

② 비전 및 미션

비전은 여행에 즐거움을 더하는 행복 플러스 항공사로, 미래를 향해 함께 도전하는 진취적인 기업, '같이'의 가치를 더하는 사람중심 기업, 공정한 경쟁과 정직함의 투명한 대한민국 대표 기업, 모두 함께, 더 나은 내일을 위해 비상하는 기업, 여행의 새로운 패러다임을 제시하는 Leading LCC 저비용항공사이다 미션은 첫째도 안전, 둘째도 안전이다. 최고의 안전운항환경, 정성스런 서비스, 합리적인 가격으로 모두가 함께 할 수 있는 항공사이다.

③ CI

CI는 심벌마크로 티웨이 티즈 't'로, 티웨이항공의 고객들에 대해 열린 태도, 고객의 목소리에 귀 기울이고 있는 모습을 티웨이 항공 로고의 핵심 부분인 't'와 소유격의 의미이면서 말풍선을 연상시키는 어포스트

로피로 형상화하였다. 이 부호는 고객 개개인의 전용기처럼, 고객만을 위한 티웨이항공만의 프리미엄 서비스를 제공하려고 하는 고객중심주의 서비스정신을 내포하고 있다.

티웨이티즈

어포스트로피(Apostrophe)
비행기 동체의 핵심 그래픽으로 이용

로고는 모두 소문자로 구성된 메인로고를 통하여 기성세대의 틀을 부수고 세련되고 합리적인 태도로 고품격의 항공 서비스를 제공하겠다는 항공사의 의지를 내포하고 있다. 즐겁고 경쾌한 축제를 떠올리게 만드는 카니발레드(carnival red)와 스코틀랜드와 잉글랜드의 합병으로 그레이트브리튼 왕국이 성립된 것처럼 영국 전성기를 상징하는 퀸 앤 그린(Queen Anne)컬러를 사용하여, 티웨이 정신을 기본으로 항공 업계의 새로운 미래를 창조하겠다는 다짐을 의미한다.

(2) 서비스

특별서비스로 't'shop'은 각종 식음료, 부토인형, 부토담요, 면세 담배, 항공기 모형 등 비행에 즐거움을 더해 주는 상품들이 기내에서 판매된다. 엔터테인먼트 서비스로는 캘리그라피, 티하모니(t'Harmony), 캘리웨이(Calli'Way), 티심포니(t'Symphony), 성악, 악기팀이 Event Flight에 깜짝 등장하여 고객에게 하늘 위에서 잊을 수 없는 감동을 선사해 준다. 발렌타인데이와 빼빼로데이, 크리스마스 등과 같은 특별한 날에는 풍선아트와 같은 다양한 이벤트가 제공된다. 사연신청 'U'story 서비스'는 조금 더 가까이 고객에게 다가가고자 티웨이항공에서 기내 스페셜 서비스를 제공한다. 고객의 생일, 결혼기념일, 연인에게 프로포즈 등을 사전에 승무원들에게 알려주면 특별한 서비스를 제공한다.

(3) 취항지

- 일본

도쿄, 구마모토, 사가, 삿포로, 오사카, 오이타, 오키나와, 후쿠오카

- 중국

마카오, 산야, 원저우, 지난, 칭다오, 하이커우, 홍콩, 난닝

- 동남아

가오슝, 타이중, 다낭, 방콕, 비엔티안, 호찌민, 타이베이, 세부

- 대양주

사이판, 괌

- 러시아

블라디보스토크

※ 현재 티웨이항공 취항지는 아시아, 대양주 위주이지만 2025년까지 중대형기가 도입되면 유럽, 북미노선까지 진출할 예정

(4) 기타 활동

함께하는 따뜻한 세상 만들기는 티웨이항공이 지향하는 꿈으로 사회

공헌을 실천하고자 노력하고 있다. 티웨이항공은 전 임직원이 정기적으로 참여하는 봉사활동을 통해 이웃사랑과 기업의 사회적 책임을 실현하고 있다. 임직원 포상금 전액을 월드비전 '사랑의 도시락'에 기부, 후쿠오카 장애인복지단체 '못 가본 이웃나라 한국을 찾아' 진행, 소외계층 아동 여행지원, 장애인 합동 결혼식 후원 등과 같은 다양한 사회공헌 활동을 통하여 기업의 사회적 책임을 지향하고 있다.

(5) 채용

- **지원 자격(2019년 하반기 기준)**
  - 공인어학 성적(영어) 소지자(TOEIC 600점 또는 TOEIC Speaking LVL 5, OPIc IM 이상)
  - 우대사항(외국어 능력 우수자)
  - 기 졸업자 및 2020년 2월 졸업 예정자(졸업예정자인 경우 2019년 8월 중 입사 근무 및 근무에 지장이 없는 자)
  - 해당 분야 관련 자격증 소지자 우대
  - 취업보호대상자 및 장애인은 관련법에 의거 우대
  - 남자의 경우 병역필 또는 면제자
  - 해외여행에 결격사유가 없는 자
  - 신체검사 기준에 결격사유가 없는 자

- **전형 절차**

  서류전형 ⇒ 1차 면접 ⇒ 2차 면접 ⇒ 수영test ⇒ 3차 면접 ⇒ 신체검사 ⇒ 최종합격

- 제출 서류

(공통서류)

- 최종학교 졸업(예정)증명서 및 성적증명서
- 해당자 제출 서류
- 공인기관 발행 어학 성적증명서 원본
- 자격증 사본
- 경력증명서
- 취업보호 대상자 및 장애인 증명원

- 체력측정

- 악력테스트
- 배 근력테스트
- 민첩성 테스트
- 유연성 테스트
- 윗몸 일으키기

4) 에어부산

(1) 기업 소개

① 비전 및 미션

비전은 업계 최고 1등의 기업 가치를 창출하는 아름다운 기업이다. 경영이념은 완벽한 안전, 편리한 서비스, 실용적인 가격으로 최고의 고객가치 창조이다. 에어부산은 완벽한 안전, 편리한 서비스, 실용적인 가격으로 최고의 고객가치를 창조하기 위하여 최선의 노력을 다하고자 한다.

서비스모토는 FLY SMART로 삼는다. SMART는 Smile, Merry, Active, Reliable, Thankful의 약자로 유쾌하고, 활기찬 미소로 적극적인 서비스를 제공하여 손님들께 신뢰를 드리고, 항상 감사하는 마음으로 에어부산을 이용하는 모든 손님들을 모시겠다는 뜻을 가지고 있다.

에어부산은 경영진에 대해 신뢰하고 업무에 대한 강한 자부심을 느끼며, 동료 간에 일하는 재미를 느낄 수 있는 일하기 좋은 조직문화를 지향한다. 3대 추진 방향은 자부심, 신뢰, 재미이다. 사내시스템 구축과 스마트오피스를 통한 지식경영, 장기근속포상과 우수사원포상 등 다양한 보상제도, 효율적인 업무수행을 위한 권한위임과 고충처리 핫라인과 소모임 활동 강화 등을 통한 의사소통, 인사평가제도의 합리성을 통하여 일하기 좋은 조직문화 구축을 위해 노력하고 있다.

② CI

CI는 바다의 물결과 하나 되어 힘차게 날갯짓 하는 모습의 역동적인 갈매기 심벌로, 부산의 바다, 갈매기, 하늘 3가지를 조합하여 하나의 이미지 요소로 표현하였다. 부산을 상징하는 갈매기 심벌과 BUSAN이 강조된 워드마크의 조화로 고객의 기대에 부응하는 AIR BUSAN의 글로벌 도약의지와 희망을 표현한다.

CI 컬러는 부산의 바다와 하늘을 담고 있는 'Deep Blue'는 AIR BUSAN의 고객을 향한 강한 의지와 신념을 나타낸다. 에어부산의 캐릭터는 갈매기이다.

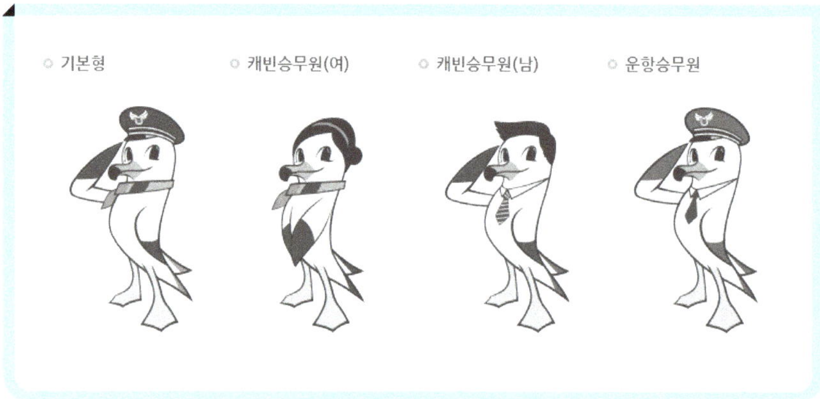

(2) 서비스

기내 기본서비스인 '투게더 서비스'는 7세 미만의 유아나 소아 2명 이상 동반한 여성, 혼자 여행하는 만 70세 이상 노약자, 장애 3등급 이상 장애인 고객님께서 공항에서 편하게 이동하실 수 있도록 투게더 서비스를 제공하고 있다. 보호자를 동반하지 않고 혼자 여행하는 어린이의 안전하고 편안한 여행을 위하여 UM(Unaccompanied Minor) 서비스를 제공하고 있다. 보호자는 만 18세 이상이어야 하며, UM적용대상자는 UM 서비스 미신청 시 탑승이 거절될 수 있다.

에어부산만의 하트인사에는 고객에 대한 사랑과 믿음이 담겨 있다. 에어부산 기내에서의 몸짓과 눈짓 하나하나는 모두 고객을 위한 에어부산의 마음이다. 하트 인사를 통해 언제나 최고의 서비스를 제공하기 위해 최선을 다하고 있다. 음료 서비스로 상큼한 감귤주스와 알로에 주스,

친환경 원두를 사용한 원두커피, 녹차, 생수를 제공하고 있다. 음료서비스 중 맥주, 와인은 유상으로 판매된다. 뉴스를 비롯한 정보, 지식, 오락 등 매일 변하는 소식들을 빠르게 접할 수 있도록 신문서비스를 시행하고 있으며, 지역 신생항공사 중에서는 최초로 제공하는 서비스이다. 에어부산에서는 국가정책에 따른 저탄소 녹색성장의 일환으로 신문을 재활용하고 있다. 한국어 신문만 제공되고 있다.

돋보기안경 서비스는 전 노선 기내에서는 독서 또는 입국서류 작성 시 요청하시는 고객에 한하여 제공하고 있다. 맘 사랑 서비스는 기내에서 모유 수유가 필요한 여성 고객님을 위해 수유가리개를 제공하고 있다. 기내면세 주류, 화장품, 향수, 아동용품, 선물용품 등 다양한 기내면세품을 기내면세 홈페이지, 귀국 편 사전 주문서를 통해 편리하게 구입할 수 있다.

기내 감동서비스인 'Letters to AIR BUSAN'은 고객이 전하고 싶은 사연을 직접 신청하여, 에어부산 캐릭터로 만든 예쁜 엽서에 축하받는 분께 소중한 마음(사연)을 승무원이 직접 정성스레 적어 고객님의 탑승편에 전달해 에어부산만의 특별한 추억을 제공한다. 매직서비스로 고객님께 즐거운 추억을 제공하고 에어부산 승무원들로 구성된 플라잉 매직팀의 매직쇼를 실시한다. 타로 서비스는 승무원이 직접 고객님의 궁금증을 말끔하게 풀어주는 서비스이며 선착순 15분께 제공되는 서비스이다. Blue Beauty 서비스는 기내에서 핸드 마사지와 핸드 팩을 통해 고객의 편안한 여행을 도와 드리는 서비스이다. 또한 스티커 타투, 페이스페인팅 등을 통해 기내에서의 즐거운 추억을 만들 수 있다. 고품질의 커피를 승무원이 직접 핸드드립 하여 제공하는 플라잉 바리스타 서비스, 기내에서 기타, 바이올린, 플루트, 첼로 등으로 환상적인 연주를 들려주는 블루하모니 서비스, 승무원들이 직접 만든 카드와 책갈피로 캘리그래피를 제공함으로 더욱 즐겁고 인상 깊은 비행을 고객들에게 선사하며 최고의 고객만족을 제공하고자 한다.

(3) 취항지

- **한국**

  김포, 제주, 부산, 울산, 대구

- **일본 및 중국**

  도쿄, 오사카, 후쿠오카, 삿포로, 나고야, 후쿠오카

- **중국, 대만**

  칭다오, 시안, 옌지, 장자제, 싼야, 하이커우, 닝보, 선전, 홍콩, 마카오, 타이베이, 가오슝

- **아시아**

  세부, 칼리보, 비엔티안, 씨엠립, 다낭, 하노이, 코타키나발루, 울란바토르

- **미국, 러시아**

  괌, 블라디보스토크

(4) 기타 활동

꿈의 활주로 프로젝트, 항공사 체험교실을 운영하면서 지역을 기반으로 둔 항공사가 없어 항공사 체험의 기회가 전무했던 점을 감안해, 정기 행사로 만들어 꾸준히 진행하고 있는 에어부산의 대표적인 사회공헌을

실천하고 있다. 조종사와 캐빈승무원, 정비사 및 운항관리사, 지상직군 등 항공사의 다양한 직업에 대해 배우고 공항을 견학하며 비행기를 직접 탑승해 봄으로써 잊지 못할 소중한 추억을 만들어가고 있다.

에어부산은 오사카에서 맹활약 중인 부산 출신 이대호 선수를 홍보대사로 위촉하고, 지역 청소년들을 위한 사회공헌활동을 함께 펼치고 있다. 오사카드림투어는 에어부산의 취항지인 오사카 탐방과 더불어 한창 자라나는 청소년들에게 든든한 멘토로서 이대호 선수가 출전하는 경기도 참관하여 이 선수를 응원하는 등 학생들이 직접 참여할 수 있는 행사이다. 지역을 연고로 하는 기업과 구단이 지역 어린이들을 위한 사회공헌활동을 공동으로 펼치기에 더욱 뜻깊은 행사이다. 한일 고교생 교류 사업은 부산시 교육청과 오사카시가 연계하여 현지 고등학생들과의 교류 및 홈스테이 체험 기회를 선사하고 주요 관광명소를 둘러보는 등 지역 청소년들이 지역이라는 울타리를 벗어나 넓은 세상을 체험할 수 있도록 함으로써 국제적인 감각을 익히고 미래 리더로서의 꿈을 키우게 하는 프로그램이다. 그 외에도 캐빈승무원을 꿈꾸는 지역 대학생들을 위한 드림아카데미 프로그램이 있다.

다양한 문화예술 지원을 통하여 지역민에게 받은 사랑을 지역사회에 환원한다는 기업철학으로 부산의 지역발전을 이끄는 다양한 행사에 꾸준히 후원하고 있다. 국경을 초월하여 따뜻한 마음을 나누겠다는 기업이념은 해외지점에서 '사랑의 동전 모으기' 캠페인, 필리핀 세부 장애인학교 후원 등 글로벌 사회공헌활동을 하고 있다. 지역항공사로서의 책임과 사명을 다하고자 신입사원 교육프로그램에 봉사활동을 필수과정으로 두고, 이웃과 지역사회에 대한 직원들의 애정과 관심을 키우며, 대고객 서비스정신을 강화하고자 한다.

'Blue Angel'은 에어부산 캐빈승무원으로 구성된 봉사동아리로, 2008년 12월 창단해 도움이 필요한 곳에 따뜻한 손길을 전하고 있다. 또한 공항서비스팀 부산지점 직원들로 구성된 봉사동아리 '작은 손'도 정기 봉사활동을 펼치고 있다.

(5) 채용

① 인재상

에어부산 인재상은 고객중심, 열정, 협동, 도전과 창의이다. 고객을 위해 최선을 다하는, 열과 성의를 다하는, 배려하며 솔선수범하는, 끊임없이 연구하고 도전하는 에어부산인이다.

② 채용절차

- **전형 절차**

서류전형 ⇒ 1차 면접 ⇒ 2차 면접 ⇒ 체력/수영test ⇒ 신체검사 ⇒ 최종합격

* 캐빈 인턴승무원은 2년간 근무 후 소정의 심사를 거쳐 정규직으로 전환된다.

- **지원 자격**

– 기졸업자 또는 졸업예정자(해당 월 포함)
– 전공 무관
– 국내 정기 영어시험 성적을 소지한 자(필수)
– 영어, 일본어, 중국어, 성적우수자는 전형 시 우대
(서류접수 마감일 기준 2년 이내 취득한 국내정기시험에 한함)
– 기내 안전 및 서비스 업무에 적합한 신체조건을 갖춘 분
– 남자의 경우 병역을 필하였거나 면제된 분
– 해외여행에 결격사유가 없는 분

- **체력측정항목**

악력, 배근력, 유연성, 지구력 / 수영 : 자유형 25m 완영 조건

- **기타 서류**

– 어학성적표 원본
– 최종학교 졸업(예정)증명서(편입한 경우 편입 전 학교 증명서 포함)
  * 졸업예정증명서 발급 불가 시 재학증명서 대체 가능
– 성적증명서(4.5만점으로 환산, 편입한 경우 편입 전 학교 증명서 포함)
– 자격증 사본
– 국가보훈증명원, 장애인증명원(해당자)
– 기타 입사지원서에 기재한 내용을 증명할 수 있는 서류

※ 제출서류는 2차 면접 시 제출하며, 면접 당일 확인 후 반환된다.

(6) 보상체계 및 복리후생

보상체계로 에어부산은 직원에 대한 보상과 인정은 고과평가 차등인상과 평가등급에 따른 성과급 차등지급 등 물질적 보상뿐만 아니라 다양한 교육기회 제공 및 해외주재원 선발 등 임직원이 자발적으로 조직성과목표달성에 기여할 수 있도록 동기부여를 하고 있다. 복리후생은 구성원들이 에어부산의 일원으로서의 자긍심을 가질 수 있는 다양한 복리후생제도를 운영하고 있다. 직원 및 가족대상 항공권 지원과 국내 국제선 할인 항공권 지원, 본인 및 배우자 지원 의료서비스, 호텔 할인, 사내동아리와 사내 외국어학습 지원 등의 여가 및 문화생활 지원이 있다. 그 외에도 사회보장 및 생활지원, 주거안정 지원, 금호 아시아나 계열사 할인 등의 복리후생이 있다.

5) 진에어

(1) 기업 소개

① 비전 및 미션

비전은 아시아 대표 실용항공사이다. 미션은 스마트와 실용항공사, 딜라이트 항공사, 안전하고 신뢰가 가는 항공사를 목표로 한다. 합리적인 소비자가 선택하는, 다양하고 차별화된 서비스와 즐거움을 선택하는, 글로벌 스탠다드 수준을 지양함을 의미한다. 핵심적인 서비스는 세련된 감각으로 강화하고, 불필요한 서비스는 과감하게 버리고, 복잡한 수속이나 규정은 심플하게 변경하고, 열정과 혁신으로 철저한 비용 절감을 통하여 매우 합리적이며 경쟁력 있는 항공요금을 제공하는 것이 Jin Air가 추구하는 'Fly, better fly'의 젊은 정신이다.

② CI

CI의 명칭은 나비로 불리고 있으며, 자유롭게 날아다니는 나비 형상에 비행기를 결합하여, 한 자리에 머무르지 않고 새롭고 이국적인 곳을 향해 떠나는 여행자의 특성을 상징한다. 새롭고 이국적인 곳을 향해 여행자의 특성을 색상화 하였다. 진에어만의 고유한 색들은 기업이미지를 상징해 주는 요소들 중의 하나로서 기업이 사용하는 모든 시각물에 적용된다.

SYMBOL MARK SMART GREEN SINCERE PURPLE

캐릭터 소재는 나비와 요정으로, 하늘을 연상시키고 가볍고 자유롭게 하늘을 나는 나비와 꿈을 현실로 만들어 주는 요정을 형상화하였다.

(2) 서비스

진에어는 2008년도에 설립되었으며 같은 해 7월에 첫 취항한 이후 빠르게 도약해 국내 대표 노선인 김포 - 제주 노선에서 3년 연속으로 연간 여객 점유율 LCC 중에서 1위를 차지하는 등 가장 사랑받는 대표적인 LCC항공사로 성장하고 있다. 특히 진에어는 국내외 다양한 노선을 운영하며 국내 LCC 중 동남아 최다 노선을 확보하는 등 규모와 그 성장에 있어서 시장 리더십을 강화하고 있는 것은 물론 국내 LCC 중 아무도 시도하지 못한 중대형 항공기를 지속적으로 도입하였고 장거리노선을 최초 취항하는 등 여러 가지 도전을 하며 시장의 혁신을 이끌어 가고 있다.

국내선 기내 서비스로 제주생수를 무료 제공하고 있으며, 각종 음료, 스낵 및 진에어에서만 만나볼 수 있는 상품을 유상으로 제공하고 있다. 국제선으로 가는 기내에서는 무료 기내식, 음료, 기내판매, 사전주문 유료 기내식, 딜라이트 라운지 서비스를 제공하고 있다.

기내 특별서비스(Delight JINI)인 '아르美'는 Beauty 전문 특화팀이다. 네일아트, 페이스페인팅 등의 이벤트를 체험할 수 있다. 키즈 마스터는 기내 유소아 케어 전문 특화팀으로 화려한 마술쇼와 멋있는 풍선아트, 아름다운 구연동화를 체험할 수 있다. 'Lala Jin's, 'JINY Graphy' 팀은 각각 콘서트 전문 특화팀과 캐리커처와 캘리그래피 전문 드로잉 특화팀이다. 기내 엔터테인먼트(지니플레이)는 유료로 제공되는 서비스로서, 진에어에서 엄선한 영화 단편물 및 어린이를 위한 애니메이션을 준비하여 제공하고 있다.

(3) 취항지

- **한국**

  김포, 인천, 양양, 청주, 광주, 부산, 제주

- **일본**

  삿포로, 도쿄, 오사카, 기타큐슈, 후쿠오카, 오키나와

- **중국**

  시안, 우시, 상하이, 마카오, 홍콩

- **아시아**

  다낭, 하노이, 비엔티안, 방콕, 푸켓, 조호르바루, 코타키나발루, 타이베이, 클라크, 칼리보, 세부

- **미국 및 오스트레일리아**

  하와이, 괌, 케인스

(4) 기타 활동

진에어는 '세이브 디 에어(Save the Air)'라는 환경캠페인의 일환으로 매년 서울시와 함께 수목원 조성 활동에 동참해 오고 있다. 이외에도 친환경 정책에 발맞춰 사내 모든 운영 차량을 전기차로 단계적으로 전환하는 등 진에어는 환경보호에 특화된 활동을 실시하고 있다. 다양한 사회공헌 활동으로 국제성모병원 호스피스 병동과 어린이 병동 등을 찾아 마술쇼, 음악회, 풍선아트 등 다양한 재능기부 활동을 펼치고, 국제성모병원은 해외 의료봉사 시 의약품 화물 수송 등 봉사에 필요한 다양한 항공서비스를 지원받는다.

(5) 채용정보

① 인재상

'5 JINISM'는 JINIBLE 최고의 안전과 실용성을 보장하는 JINI, JINIFUL 열린 사고로 미래를 지향하는 JINI, JINVELY 고객으로부터 사랑받고 다시 찾게 되는 JINI, JINISH 팀워크와 협업을 지향하는 JINI, JINIQUE 긍정적인 에너지와 개성을 소유한 JINI를 뜻한다.

② 채용

- **전형 절차**

  서류전형 ⇒ 1차 면접 ⇒ 2차 면접, 영어구술테스트 ⇒ 체력/수영 test, 신체검사 ⇒ 최종합격

- **지원자격**

  – 해외여행에 결격사유가 없고 병역필 또는 면제자

  – 교정시력 1.0 이상인 자

- 기졸업자 또는 졸업예정자
- TOEIC 550점 또는 TOEIC Speaking LVL 6 이상 또는 OPIc(영어) LVL IM 이상 취득한 자

- **체력측정항목**

  악력, 배근력, 유연성, 지구력, 민첩성, 체지방

  수영테스트 없음

(6) 보상체계 및 복리후생

직원 및 배우자의 직계가족 대상 할인항공권 지원, 대한항공 운항노선 이용가능, 어학비용과 대학원교육비 일부 지원 등의 자기개발 지원, 국내외 호텔 할인가 이용과 취미활동 지원 등의 생활 및 여가지원, 건강지원, 장기근속 포상 등이 있다.

6) 제주항공

(1) 기업 소개

① 개요 및 철학

제주항공은 한국에서 가장 빠르게 성장하고 있는 대표 항공사이다. 2005년 설립 이후 고객의 합리적인 항공여행 가격요구에 맞춰 빠른 확장을 하고 있고 항공 업계에 지속적으로 혁신을 가져오고 있다. 제주항공은 항공여행 대중화를 실현하였고, 이전에 시도되지 않았던 방법으로 한국을 관광 목적지로 만들었다. 고객의 항공여행 경비를 줄이기 위해 모든 비용을 줄이는 노력을 하며, 가장 중요한 안전에 대해서는 어떠한 타협도 하지 않으며 정시운항을 위해 모든 노력을 하고 있다.

② 비전 및 미션

비전은 '더 넓은 하늘을 향한 도전으로 더 많은 사람들과 여행의 경험을 나눈다'이며, 핵심가치는 '안전, 도전, 신뢰, 팀워크, 저비용'이다. 제주항공은 더 넓은 하늘을 향한 도전으로 더 많은 사람들과 행복한 여행의 경험을 나누는 항공사라는 미션을 가지고 있다. 기존 항공사의 획일적인 항공서비스에서 새롭고 소비자가 선택 가능한 것으로 바꾸는 등 합리적인 고객을 위한 새로운 여행경험을 제공하며 고객지향적 혁신을 지속 실행함으로 대한민국 No.1 LCC를 지향한다.

③ BI

제주항공의 새로운 BI(Brand Identity)는 창립 10주년을 맞이하여, 진취적이고 신뢰감을 주는 항공사 이미지를 추구하며 아시아 최고의 LCC로 발돋움하기 위한 의지를 제주의 자연을 형상화한 디자인으로 표현했다. 영문 로고 중 'i'에 깃발 형상을 나타내 제주항공을 이용하는 소비자들을 맞이하는 반가움과 환영의 의미를, 제주항공 임직원들에게는 전 세계로 뻗어나가는 리더십과 대표성을 상징하고 있다. 활기차고, 즐거움을 주는 제주의 감귤색인 오렌지 색상을 좀 더 선명하게 변화하였고, 특히 'i'의 깃발 형상의 포인트 블루 색상을 추가하여 안전함과 신뢰감을 더하였으며, 오렌지 색상과 조화를 통해 Fresh함을 강화하였다.

또한, 디자인 전체적으로 기존 오렌지 단일 색상에서 새로운 추가된 블루 색상을 추가해 다양화함으로써 아시아 전역으로 노선망을 확대해 소비자에게 다양한 서비스를 제공한다는 의미도 함축하고 있다.

JEJUair
NEW STANDARD

항공기 꼬리 날개 디자인은 제주를 상징하는 돌, 바람(파도) 그리고 본 섬과 부속 섬들을 새로운 무늬(pattern)로 형상화했다. 우리나라의 대표적인 화산섬인 제주도에는 돌이 많아 밭과 밭 사이를 구분하는 밭담과 집 울타리 등을 돌로 쌓은 모습을 쉽게 찾아볼 수 있다. 또한, 제주는 사면이 바다로 둘러싸여 바람이 많이 불고, 강한 바람에 일렁이는 파도를 어디서나 볼 수 있는데, 새로 만든 패턴은 이런 제주의 모습들을 모티브로 삼아 제주항공의 이미지를 상징해 주는 요소로 사용되었다.

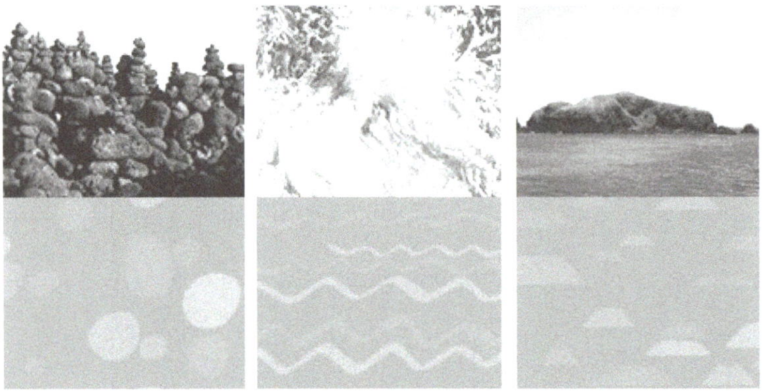

(2) 서비스

기내 특별서비스 (EVERYDAY FUNDAY)는 게임팀, 매직팀, 뷰티풀 플라잇, 일러스트팀, 악기연주팀, 제이제이팀, JAFUN팀이 있다. 가위바위보, OX QUIZ, 기내빙고 등 기내에서 즐거운 게임을 즐길 수 있는 게임팀과 카드마술, 딜라이트 공연, 무대마술 등 놀라운 마술세계를 보여주는 매직팀이 있다. 기내에서 아름다운 밤을 즐기며, 승무원이 직접 그려주는 캐리커처와 페이스페인팅, 즐겁고 신나는 음악을 즐길 수 있다. 제주항공에서는 기내에서 간편하게 즐길 수 있는 간식과 음료뿐만 아니라 제주항공 로고 상품을 판매하고 있다. 국제선은 물론이고 국내선에서도 시행되고 있다. 제주항공 에어카페 메뉴 중 기존에 없던 신메뉴가 출시되었다. 브런치 세트와 콜드브루커피, 콘 치즈 스프와 모닝빵, 딸기잼, 커피로 구성된 올데이 브런치 세트도 출시되었다. 시즌 특화를 중점으로 제주항공만의 시즌 메뉴가 계속 개발되고 있다.

(3) 취항지

- **한국**

  인천, 서울(김포), 청주, 광주, 대구, 부산, 무안, 제주

- **일본**

  삿포로, 도쿄, 시즈오카, 나고야, 오사카, 마쓰야마, 후쿠오카, 가고시마, 오키나와

- **러시아**

  블라디보스토크

- 중국

하얼빈, 자무쓰, 옌지, 베이징, 스자좡, 옌타이, 웨이하이, 칭다오, 난퉁, 장자제, 홍콩 마카오, 하이커우, 싼야

- 아시아

타이베이, 가오슝, 비엔티안, 하노이, 다낭, 나트랑, 호찌민, 푸꾸옥, 치앙마이, 방콕, 싱가포르, 코타키나발루, 클라크, 마닐라, 보홀, 세부

- 미국

괌, 사이판

(4) 기타 활동

행복 나눔 활동을 통하여 한국에 거주하는 필리핀, 베트남 출신 다문화 가정의 고향 방문을 연 6회 지원한다. 서울시와 제주항공 PHR 코리아는 저소득 한 부모 가족(미혼모 포함)에게 괌 리프레스 여행을 연 6회 지원한다. 매월 SOS어린이마을을 방문하고, 제주항공 취항 노선 가운데 태국, 필리핀, 베트남 등 의료봉사가 필요한 저개발국가 지역에서 정기적인 자원봉사 활동을 지원하고 참여한다.

항공안전체험교실 운영하여 제주항공의 승무원들이 초, 중, 고등학생 대상으로 항공안전, 응급처치, 직업교육을 하고 있다. 제주도 아동복지시설 수학여행 지원, 제주보육원 재능기부 교육활동 및 장학금 지원 사업을 통하여 사회 환원을 하고 있다.

(5) 채용정보

① 인재상

제주항공의 인재상은 안전, 신뢰, 저비용, 도전, 팀워크이다. 안전은 무엇과도 타협할 수 없는 기본이며, 누구나 규정과 절차를 반드시 지키는 것이다. 신뢰는 신뢰하고 신뢰받는 것이며, 말한 대로 행동하며 약속하면 지키는 것이다. 저비용은 경쟁에서 이기는 최상의 수단이며, 최적의 투자로 최고의 효율성을 달성하는 것이다. 도전은 개인과 회사가 발전하는 원동력이며, 더 큰 목표를 위해 과감하게 시도하는 것이다. 팀워크는 사랑하고 존경하는 하나의 팀이 되는 것이며, 더 큰 성공을 위해 협력하는 것이다.

② 전형절차

- **전형 절차**

  서류전형 ⇒ 인성검사(온라인), 체력검정 ⇒ 1차 면접 ⇒ 2차 면접 ⇒ 신체검사 ⇒ 최종합격

- **재주캐스팅**

  영상편집 ⇒ 인성검사(온라인), 체력검정 ⇒ 면접 ⇒ 신체검사 ⇒ 최종합격(주제 : 나만의 여행지 추천, 제주항공 먹거리 혹은 즐길거리 관련 홍보/마케팅)

- **지원 자격**

  - 기졸업자 또는 2020년 2월 졸업예정자
  - 남자의 경우, 병역의 의무를 필하거나 면제된 자
  - 해외여행 결격사유가 없고, 제주항공 노선에서 근무 가능한 자

- 공인어학 성적 보유자 (아래 내용 중 1개 이상 해당자)
- TOEIC 550점 이상
- TOEIC Speaking LVL 5 이상
- OPIc IM 이상

• **체력측정항목**

2019년부터 체력검정이 폐지되었다.

(6) 보상체계 및 복리후생

제주항공은 좋은 조직문화 구축을 위해 성과보다 능력, 태도에 따른 평가 및 보상체계를 운영하고 있다. 급여 수준은 총보상 관점에서 동일업종에서 경쟁력 있는 수준을 유지하고 있다. 특히 회사의 성과에 따라 추가적으로 지급하는 인센티브 보너스 제도를 적극적으로 운영하여, 회사가 탁월한 경영성과를 창출했을 경우 구성원들이 그 성과를 함께 나눌 수 있도록 함으로써 회사와 구성원이 동시에 성장 · 발전하도록 하고 있다.

제주항공은 모든 구성원들의 삶의 질을 중요시한다. 특히, 항공사의 이점의 살릴 수 있는 임직원 우대탑승 및 글로벌 역량강화 프로그램을 중점적으로 지원하고 있다. 임직원 우대 및 가족 우대 항공권, 여행 및 제휴호텔 할인, 자녀학자금 지원, 교육 지원, 건강관리 등의 다양한 지원이 제공된다.

7) 이스타항공

(1) 기업소개

① 비전 및 미션

이스타항공의 비전은 항공여행의 대중화를 선도하고 사회공익에 기여하는 글로벌 국민 항공사이다. 핵심가치는 비행안전, 고객감동, 저비용이며, 미션은 행복을 주고 사랑받는 국민항공사, 짜릿한 가격으로 추억을 선사하는 서비스, 안전을 기반으로 하는 기업문화를 지향한다. 경영이념은 고객과 함께, 최고를 추구, 새로움을 추구한다.

② CI

CI는 전체적으로 이탤릭체를 통하여 빠르고 진취적이며 역동적인 느낌을 전달하는 동시에 각각의 글자는 날카로운 돌출 부분으로 시작하면서 중간에 라운드를 부드럽게 감싸는 형상을 통하여 딱딱하고 거친 진취가 아닌 부드럽고 유연한 역동성, 적극성과 진취를 표현하고 있다.

에너지와 강한 힘, 도전과 열정, 진취성과 역동성을 상징하는 빨강색은 또한 별(STAR)과 동양(EAST)을 상징하는 대표색이기도 하다. 한/중/일 삼국은 모두 빨강색을 선호하며 행운의 색상으로 여기고 있으며, EASTAR항공의 RED는 중간 빨강보다 약간 진한 CRIMSON RED로서 차별화된 고급세련미를 표현하고 있다.

(2) 서비스

국내선 기내 서비스로 국민 승무원의 환영인사는 고객님을 소중히 여기는 국민 승무원들의 환영인사이다. 기내에서는 건강한 생수만 무료로 제공되고 있다. 여행의 편의를 위해 주스, 커피 등의 음료는 유상으로 판매되고 있다. 손님에게 다양한 선택과 편의를 제공하고자 기내에서 유료상품을 판매하고 있다. 맛있는 기내식을 사전 주문하여 기내에서 편히 드실 수 있도록 예약판매 서비스를 제공하고 있으며, 기내 이벤트를 통해 여행의 즐거움을 선사해 드리고 있다. 이스타항공과 함께하는 기내 엔터테인먼트 서비스 STAR-TV를 통해 목적지 잔여시간 확인 및 드라마/예능/키즈 프로그램 등을 즐길 수 있다.

(3) 취항지

- **한국**

  김포, 인천, 군산, 청주, 부산, 제주

- **일본**

  삿포로, 이바라키, 도쿄, 오사카, 후쿠오카, 미야자키, 가고시마, 오키나와

- **러시아**

  블라디보스토크

- **중국**

  하얼빈, 옌지, 선양, 다롄, 지난, 상하이, 닝보, 취엔저우, 홍콩

- 대만 및 아시아

  송산, 타오위안, 하노이, 다낭, 나트랑, 방콕, 푸꾸옥, 팔라완, 코타키나발루

(4) 기타 활동

이스타항공은 교육환경개선을 위한 벽화그리기, 서울식물원 청소, 잡초제거, 지온보육원 봉사활동 등 다양한 사회공헌 활동을 진행 중이며, 또한 환경보호를 위해 시즌이 지난 기내지를 활용해 새로운 여행용품을 제작해 판매하는 '기내지 업사이클링 프로젝트 펀딩'을 오픈했다.

(5) 채용

- 전형 절차

  서류전형 ⇒ 1차 면접 ⇒ 2차 면접 ⇒ 신체검사 ⇒ 최종합격

- 지원 자격

  - 기졸업자로서 남자의 경우 군필/면제자(졸업예정자 가능)
  - 나안시력 2.0 이상, 교정시력 1.0 이상인 자(라식 등 시력교정수술 후 3개월 경과자)
  - 신체 건강하며 비행근무에 법적으로 문제가 없는 자
  - 해외여행에 결격 사유가 없는 자
  - TOEIC 550점 이상 또는 이에 준하는 공인시험의 자격을 취득한 자
  - TOEIC Speaking LVL 5, OPIc IM2, TEPS 451, TOEFL 63점 이상

(6) 복리후생

자녀학자금 지원, 무료항공권 지원, 장기근속 포상(5년마다), 취미생활과 자기개발을 위한 교육 및 경조사 지원, 제휴업체 할인혜택 제공 등이 있다.

8) 에어서울

(1) 기업소개

① 개요와 기업철학

에어서울은 소통하고 배려하는 조화로운 문화, 변화를 두려워하지 않는 도전적인 문화, 긍정의 에너지가 넘치는 창의적인 문화를 추구한다. 소통하고 배려하는 조화로운 문화를 위해 서로를 아끼고 존중하는 아름다운 회사, 고객과 소통하는 열린 회사를 지향한다. 변화를 두려워하지 않는 도전적인 문화를 위해 트렌드를 이해하고 변화를 주도하는 회사, 끊임없이 연구하여 마켓을 리드하는 회사가 되고자 한다. 또한 젊음과 패기가 넘치는 활기찬 회사, 창의적인 아이디어를 지향하는 혁신적인 회사가 되어 긍정의 에너지가 넘치는 창의적인 문화를 선도하고자 한다.

에어서울의 경영이념은 가장 안전하고 고객에게 행복을 주는 으뜸 항공사가 되는 것이며 'Its mint time'이라는 슬로건을 내걸고 누구나 즐겁게 이용할 수 있는 신뢰받는 항공사라는 기업철학을 추구한다.

② CI

'첨단과 전통', '초고층 빌딩과 자연', '역동과 여유'가 함께 어우러져 조화를 이루는 생동감 넘치는 도시 '서울', 에어서울은 한국을 대표하는 글로벌 도시 '서울'을 브랜드로 하는 항공사이다. 익숙한 곳에서 낯선 곳으로의 이동, 새로운 사람과 문화를 접하는 기분 좋은 대비를 우리는 '여행'이라고 부르며 에어서울은 그 여행을 함께하는 파트너이다. 대비되는 것들이 조화를 이루어 새로운 에니지를 민든다는 점(Harmony of Contrast)에서 '서울'과 '여행'은 많이 닮아있다. 이제 에어서울이 '서울'의 이름으로 기분 좋은 대비를 위한 '여행'을 고객과 함께 시작한다.

모던하고 간결한 글꼴의 워드마크는 에어서울의 세련됨과 합리적 서비스를 상징한다. 브랜드 칼라인 Air Seoul MINT는 에어서울의 서비스 가치인 Open, Refresh, Relax, Pleasant를 상징한다.

'ㅅ'은 서울 곳곳에서 만날 수 있는 산의 모습이자 상승의 의미를, 'ㅇ'은 부드럽게 흐르는 강물의 모습이자 편안함을 상징한다. 'ㅅ'과 'ㅇ'의 교차된 형태의 그래픽 모티브는 에어서울의 젊고 역동적인 에너지를 의미한다.

(2) 서비스

에어서울의 부가서비스로는 선호하는 좌석을 미리 선택하고 항공권과 함께 구매할 수 있다. 국내선 Mint Zone좌석 구매 시 수하물 무게가 5kg 추가 가능하고 국제선 Mint Zone좌석 구매 시 Priority Tag 증정, 민트존 카운터 이용(인천국제공항 한정, 괌노선 제외), 수하물 무게 5kg 추가(특가운임은 불가)가 가능하다. 또한 편안한 비행을 위해 1인당 최대 본인 좌석과 연결된 2좌석을 구매할 수 있다. 옆 좌석 구매 서비스는 공항에서만 적용되며 배정 가능 좌석이 비어 있는 경우에만 가능하다. 2019년 12월 1일부터 수하물 사전 구매 할인 요금을 시행하고 있다. 홈페이지 및 모바일을 통해 항공권 구매 시 초과 수하물을 구매할 수 있다. 사전에 수하물을 구입할 경우, 할인된 금액으로 구매가 가능하다. 수하물 사전 구매 시에는 개수 초과에 해당되는 수하물만 구매할 수 있으며, 무게나 부피가 초과하는 수하물은 공항에서 구매 가능하다. 위탁수하물이나 유모차, 골프클럽 등을 포장할 수 있는 포장용품과 목적지 공항에서 빠르게 수하물을 수취할 수 있는 우선 수하물 처리 서비스를 구매할 수 있다.

기내 서비스로 여러 종류의 단품 메뉴와 세트 메뉴의 기내식을 출발 48시간 전까지 구매할 수 있다. 기내 영상물 서비스가 제공되고 있다. 승객들의 즐거운 여행을 위해 기내에서 영화 · 코믹 단편물 · 비행 정보를 확인할 수 있는 영상물을 상영하고 있다. 영화는 국제선 3시간 이상 운항편에 상영되며 개별모니터가 장착되어 있지 않은 일부 기재는 서비스가 제한될 수 있다. 또한 에어서울 국제선 기내에서는 에어서울 승무원 특화팀인 민트팀이 준비한 특별한 이벤트를 만날 수 있다.

(3) 취항지

- 대한민국

김포, 인천, 제주

- 일본

도쿄/나리타, 오사카/간사이, 후쿠오카, 오키나와, 삿포로, 시즈오카, 다카마쓰, 히로시마, 요나고, 도야마, 야마쿠치 우베, 구마모토

- 중국

장자제, 홍콩

- 동남아시아

다낭, 나트랑, 씨엠립, 코타키나발루, 하노이, 보라카이/칼리보

(4) 채용

- 전형절차

입사지원 ⇒ 서류전형 ⇒ 1차 면접 ⇒ 2차 면접 ⇒인성검사/체력검정 ⇒ 최종합격

- 지원 자격

  - 학력 무관(단, 기졸업자 및 졸업예정자)
  - 전공 제한 없음
  - 국내 정기 영어시험 성적 소지자(TOEIC, TOEIC Speaking, OPIc)
  - 기내 안전 및 서비스 업무에 적합한 신체조건을 갖춘 사람
  - 교정시력 1.0 이상 권장

- 남자의 경우 병역을 필하였거나 면제된 자
- 영어구술, 일본어, 중국어 성적 우수자는 전형 시 우대함(외국어 성적의 경우 지원마감일 기준 2년 이내 국내 정기시험 성적만 인정)

체력 측정 항목

배근력, 악력, 윗몸 일으키기, 유연성

참고문헌

김민수, 박소연, 전애은, 박혜윤, 항공사 객실 서비스 롤플레이, 새로미, 2013.
김순희, 항공사 Role Play 마스터, 새로미, 2017.
김순희, 권은형, Airline Service & Role Play, 새로미, 2013.
박혜정, 고객서비스실무, 백산출판사, 2015.
이향정. 올댓 스튜어디스 항공사 취업전략, 센게이지, 2017.
정명희, 이원화, 이미지메이킹과 글로벌 매너, 새로미, 2018.
정수연, 진민정, 롤플레이 비밀노트, 씽크스마트, 2013.

대한항공 홈페이지, 채용홈페이지
아시아나항공 홈페이지, 채용홈페이지
티웨이항공 홈페이지, 채용홈페이지
에어부산 홈페이지, 채용홈페이지
진에어 홈페이지, 채용홈페이지
제주항공 홈페이지, 채용홈페이지
이스타항공 홈페이지, 채용홈페이지
에어서울 홈페이지, 채용홈페이지

저자약력

정 명 희

대한항공 승무원
개인 이미지 및 취업 컨설턴트
서비스 매너 교육
현) 경운대학교 항공서비스학과 교수

이 원 화

싱가포르항공 승무원
싱가포르항공 채용 면접관
영어동시통역사
현) 동국대학교 WISE캠퍼스 항공서비스 무역학과 교수

항공 객실서비스 롤플레이 가이드북

2020년 5월 15일 초판 1쇄 발행
2023년 3월 10일 초판 3쇄 발행

지은이 정명희 · 이원화
펴낸이 진욱상
펴낸곳 (주)백산출판사
교 정 박시내
본문디자인 구효숙
표지디자인 오정은

저자와의 합의하에 인지첩부 생략

등 록 2017년 5월 29일 제406-2017-000058호
주 소 경기도 파주시 회동길 370(백산빌딩 3층)
전 화 02-914-1621(代)
팩 스 031-955-9911
이메일 edit@ibaeksan.kr
홈페이지 www.ibaeksan.kr

ISBN 979-11-6567-064-1 93980
값 16,000원